精神世界の大罪と真実

危ういアセンション
危ないスピリチュアル

《魂主体従》超変革への遺言

プロジェクト・ユニバース＝著
Project Universe

ヒカルランド

今のままでは、新しい文明への移行・アセンションは100年かかってしまう——
私達プロジェクト・ユニバースはそう感じ取っている。
◎なぜ今まで新しい文明への移行・アセンションを
迎えることが出来なかったのか
◎何をすれば新しい文明への移行・アセンションを
迎えることが出来るのか
◎何をどう変えていかなければならないのか
本書は、新しい文明への移行・アセンションを少しでも早め、
正しい形での移行を進めるための道標として
一人でも多くの志ある人に伝えるために書かれた。

*アセンションを目指す人だけでなく、今を生きる全ての人が、
「楽に生きられるようになる」ためのメソッドも書いてある。

新しい文明への移行・アセンションを
スムーズに進めるために、
またはアセンションにふさわしい自分になるためには、
現在の3次元の肉体のメンテナンスを
メインに考えるのではなく、
心や精神のメンテナンスをメインに考えていくという
価値観の移行が必要となる。
今までの文明は「体主霊従」の価値観で成立してきた。
意識の次元が上昇するということは、肉体という物質ではなく、
意識や精神、魂を重視していくように変わっていく――
「魂主体従」と表現できる価値観に
変わっていく必要があるとも言える。

あなたが新しい文明への
移行・アセンションを望むのであれば、
先ずはあなた自身が、先祖などの霊や
神や仏を名乗る存在や宇宙人や天使など
「今まで知っている目に見えない存在達」を崇める
危ないスピリチュアルの繋がりではなく、
本来繋がるべきところ＝「自分自身の魂の親」と
繋がることを目指さなければならない。
今までの文明で繋がりを求めて来た物と繋がったままでは、
当然ながらアセンションはできない。
できるのだったら、とっくにアセンションしている。

直観・インスピレーションという魂の親からのメッセージを
出来るだけ受け取りやすくしていかなければならない。
今まで繋がってきた要らない物達を取り除き、
魂の親との繋がりを確実なものにしていく必要がある。
トレーニングでは、憑いている物達を取り、
魂の親との繋がりを太くしていき、
魂としての本来の力を使えるように能力開発をしていく。
「次元の能力」とは、その人の魂が宇宙に生まれた時点の
次元の能力であり、もともと魂として本来持っている能力なので、
トレーニングによって開発することが出来る。

将来生まれてくるアセンションを担う人であれば、
（本書の）トレーニングの概要を読むことで、
次元の能力の開発と、目に見えない存在達を扱う事、
自分や周りの人のトラウマやダメージを解消することが
出来るようになる可能性がある。

トレーニングを受けると
見える・話せる能力の開発と、
本来繋がるべきところと繋がる段階を終えた時点から、
憑いている存在を取る・返す（帰らせる）、
心や頭のダメージやその原因となった出来事を解消する
ことができるようになる。

重要な出会いは、
それぞれの人の魂の親のサポートによって、
偶然という必然でセッティングされるのだが、
彼らがセッティングしてくれるのは、
出会える機会までであって、
そこで何を選ぶかはその人次第である。
出会ってから先、どんな関わりを持つかも、
一人一人が選択してゆかなければならない。
これは本書を手に取った人も同じである。
この本から何を受け取り、この先何を選ぶのかは
その人自身で決めなければならない。

目次

カバーデザイン　吉原遠藤
編集協力　宮田速記
校正　麦秋アートセンター

はじめに　文明滅亡を繰り返さないために
新しいステージへ移行するための道標《みちしるべ》

毎日、テレビ等メディアで戦争のニュースが流れる時代を私達は生きている。

また、次の世界大戦は極東で数年以内に始まるという地政学や世界経済の専門家も居る。

ほとんどの日本人は考えたことも無いであろうが、この平和そうな日本でも3年後、5年後に戦争に巻き込まれていないと断言できないのが今の世界だ。

混迷を極めるこの時代に、私達プロジェクト・ユニバース（研究集団の著者総称）は、人類が新しい文明＝新しいステージに移行していくための活動と同時に、宇宙が本来の姿に戻っていくための活動をして来た。

人類の歴史においては、アトランティスやムーなど、伝説になっている文明だけでなく、歴史上分かっているだけでも沢山の文明が滅んで来た。

どの文明が滅んだ時にも、そこに居た住民は移動したり混血したりしながら残ってはいるのだが、文明としては滅び、また新しい文明が取って代わってきた。

日本でも、縄文人は混血しながら残ってはいるが、縄文は滅んだ文明であり、文字を持たなかった事に（一般的には）なっているので、分かっていないことも多い。

それぞれの文明が滅ぶに至った理由は色々あるのだが、本来スパイラルに上昇していくはずの文明や人間の進化が、一つの文明が滅んで、また新しく始まった文明が滅びへの道を歩むという、上昇してきたとは言えないことを繰り返してきたのが、私達が生きている世界なのだ。

そして今の文明も、国という概念、政治体制、経済システム、科学技術の行方、地球環境など、あらゆる面で行き詰まり、このままでは「上昇するのではなく、滅びへの道を進むことになる」と感じている人も多いのではないだろうか。

過ちの繰り返しをそろそろ終わりにして、人類は新しいステージに進まなければならない。


本書は、地球における過去のあらゆる文明が経験・到達しえなかった領域を実際に経験してきた私達プロジェクト・ユニバースが、これからの未来を人類がどう生き、新しい文明を作って行くべきか、その道標《みちしるべ》として書いたものである。

新しい文明への移行のためには、今までの価値観、常識などの中から、何を変えていかなければならないのか、そしてなぜ変えていかなければならないのかを伝えると同時に、変えていかなければならない理由として、今までの文明の何が問題であったのかを明らかにしている。

また、変えてゆくためにどうすれば良いのかも、出来るだけ詳しく載せておいた。実際に体験しなければ分からないことも多くあるのだが、これから生まれて来る、新しい文明への移行を先導・主導する人達であれば、時間の流れという制約によって私達が生きている間に関わることが出来なかったとしても、限られた本書の内容から、新しい文明への移行に必要な要素を体得することが出来るであろう。

◆本書の読み方：どんな人にどの章が必要か

本書は、今を生きる全ての人に必要な第1章「死んだ後／生まれる前の本当の仕組みを知れば、今の生き方が変わる」からはじまり、このままでは100年かかってしまう、新しい文明への移行を少しでも早め、正しい形での移行を進めるための内容を書いてある。

伝えるべき膨大な内容について、項目としてはある程度網羅してはあるが、紙数の都合で詳しい内容を載せられていないものも多い。

機会があれば、それぞれの内容について更に詳しく触れることが出来ればと思う。

内容が多岐に亘るため、どんな人にどの章が必要なのかを簡単に記しておこう。

順に読まないと言葉の意味や理由などが分かりにくい部分もあるだろうが、それぞれの人が興味のある・必要とする内容を受け取っていただければ幸いである。

・全ての人に：第1章
・生きるのが辛い人に：第1章、第5章を中心に
・大切な人を亡くした悲しみが辛い人に：第1章、第5章を中心に
・アセンションを目指している人に：第1章から順に
・悩みや問題がある人に：第1章、第5章を中心に
・トラウマやPTSDのある人に：第1章、第5章、第7章を中心に全体
・セラピーやヒーリングなど、本物を探している人に：第7章を中心に全体
・霊や色々な存在が見えて困っている人に：第6章、第7章を中心に全体
・スピリチュアルに興味がある人：全体

◆文明の崩壊から、新しい文明への移行・アセンションに向かうことはない

滅んでしまった巨石文明や、アトランティスやムーなど伝承として残る文明の崩壊を人類は何度も経験してきた訳だが、どんな大きな破滅を経験しても、人類は特に変わらずに今日まで

至っている。

そういう意味では、仮に第3次世界大戦や環境破壊によって今回の文明が崩壊したとしても、人類は今までの延長線上に文明を再興していくことになるだろう。

新しい文明への移行やスピリチュアル業界で言われているアセンション・次元上昇が起こるのであれば、文明の崩壊というプロセスによって起こるとは考えにくいのである。

また、別の視点からも、今のままでは新しい文明への移行・アセンション（次元上昇）が起こらない理由もある。

現在に至る全ての文明の価値観の元になっているものや、スピリチュアル業界でアセンションをサポートすると言われている存在達との関わり自体に問題があるからである。詳しくは第4章で解説しよう。

アセンションに関して少し触れておくと、少し前まで、私達プロジェクト・ユニバースはアセンションなんて起こらない、スピリチュアル業界の人達が騙されているだけだと思っていた。

ところが、本書を執筆し始めてから、編集者の方との打ち合わせ等でアセンションの話題が出てくるので、根源のONEに近い存在と話した時についでに「アセンションなんて起こるのか？　無理なんじゃないか？」と尋ねてみた。

ところが意に反して「少しずつだが随分と進んでいる」という答えが返って来たのだ。

その時初めてアセンションが起こることを信じるとともに、何によってアセンションが起きるのかが何となく分かったし、逆になぜ今までアセンションが起こらなかったかにも気付いたのだった。

そして**今のままだとアセンションは100年も先になってしまう**ということも感じ取ってしまった。

本書は「何をすれば新しい文明への移行・アセンションを迎えることが出来るのか」、また「なぜ今まで新しい文明への移行・アセンションを迎えることが出来なかったのか」、「何が間違っていたのか」、「何をどう変えていかなければならないのか」を一人でも多くの志のある人に伝えるために書かれたものでもある。

ただ、本書は新しい文明への移行・アセンションを望む人にとって役に立つものであり、「誰か」や「何か」を信じている人・それを必要としている人は今のプロセスを進めばよい。

◆これまでの人類の常識・価値観を根源から変革する誘導灯として

現在の世界においては、宗教であったりスピリチュアルであったり、「何かを信じる」ことを必要としている人がほとんどである。

それは問題でもないし、改める必要があるわけではない。

全てはその人にとって必要なプロセスである。

ただ、あなたが本当に新しい文明への移行・アセンションを目指している、新しい文明へ進みたいと望むならば、常識や価値観そのものを変えていく必要がある上に、意識と行動を変えていかなければならない。

本書は、地球上における今までの全ての文明において人類が信じて来た常識や価値観の根源的な変革を誘導するものである。

これから新しい文明への移行・アセンションを目指す人達にとっての指針となる内容を網羅してあるが、新しい文明・アセンションへの道は遠く険しい。

本書で記した内容も、アセンション・新しい文明へのプロローグに過ぎないのである。

私達のチームには心理学を学んだメンバーも多くいるのだが、学んだ心理学によって意識の定義自体が違っていたりするので、本書で使う意識の定義について触れておく。

本書では、

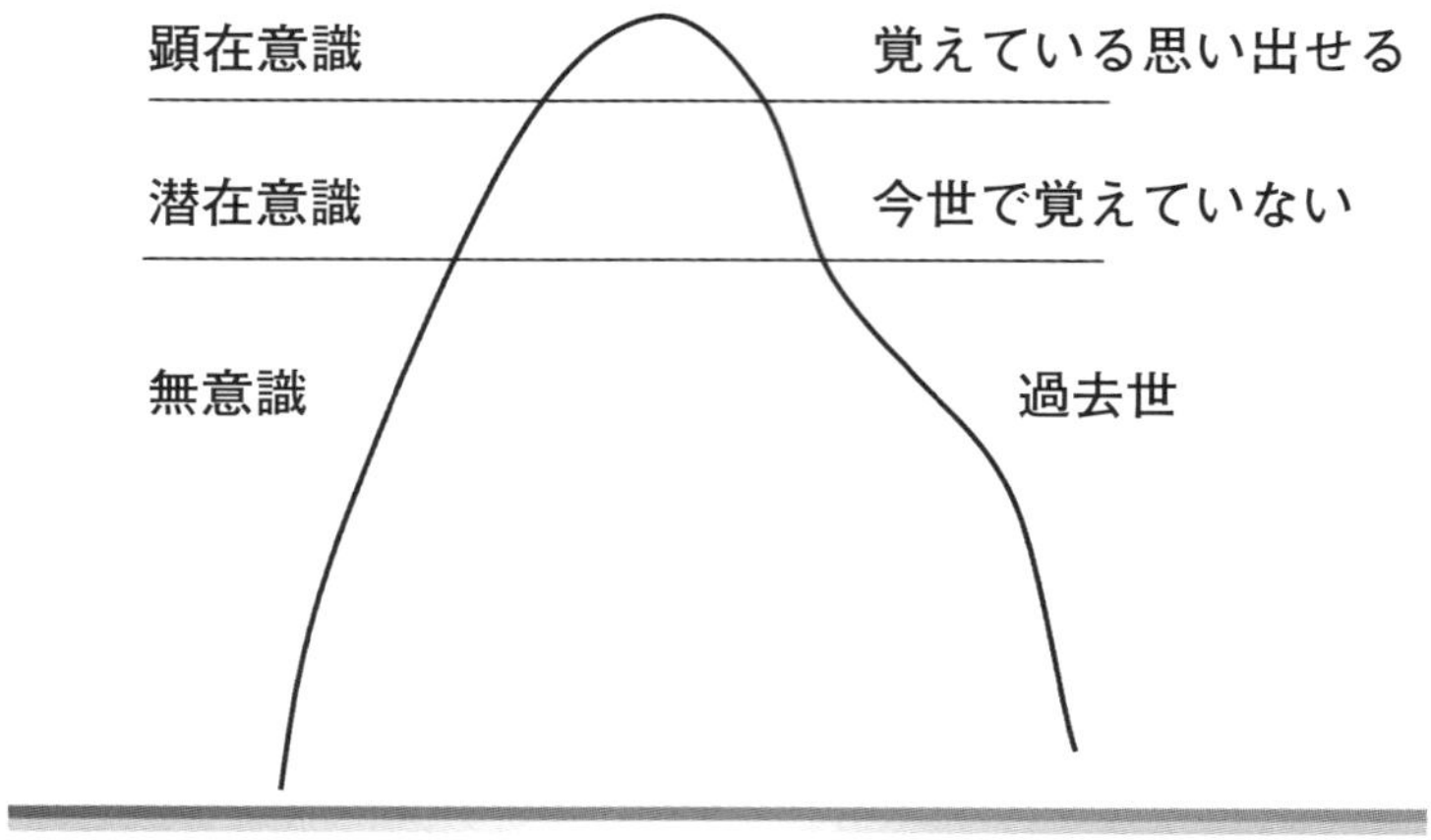

意識の図

顕在意識：覚えている、思い出せる記憶
潜在意識：今世で覚えていない記憶
無意識：過去世（広義には集合無意識を含む）
の3つを意識の定義として使っていく。

◆プロジェクト・ユニバースの主要メンバー紹介

私達プロジェクト・ユニバースは色々な専門やバックグラウンドを持つ複数メンバーの集合である。メンバーの専門領域は心理学、物理学、量子力学、スピリチュアルなど多岐にわたり、職業履歴も企業勤務、元公務員、個人事業主など様々である。

緩やかな繋がりを持ちながら、セッションやセミナー、講座、ワークショップ、トレーニングなど色々な活動をしてきたのだが、今回とくに、スピリチュアル、物理学、量子力学、心理学の専門家を中心に本書の執筆にあたることになった。

その主要なメンバーの紹介を簡単にしておく。

■Aのプロフィール

会社員だった時期に、悩みや問題の解決のために、過去世などの無意識領域や先祖代々に伝わる問題までも扱う心理学と出会い、心理学及び心理セラピーを学ぶ。

退職後に心理セラピーをスタートし、精神科・閉鎖病棟歴などの方からも高い評価を受けるが、最先端と言われていたメソッドを以てしても完全には解消できない事に気づく。

必要なメソッドを作っていくプロセスで催眠の講師と出会い、セラピーと催眠を融合した新しいメソッドを作り出す。

後に、催眠や心理学のメソッドの問題が分かるようになり、どちらも使わなくなる。

必要に応じて胎児期や過去世まで遡って悩みや問題の根本原因を探していくセラピーを続ける中で自身のレベルアップにより、来られた人が過去世だけでなく、先祖の霊や憑いている霊などが見えるようになり、目に見えない存在達への対処をスタートする。

出会いにより全く新しいレベルへ急速に上がっていくプロセスを通じて、鬼・悪魔や天使から、宇宙人や妖怪、そして星々と、扱える次元のレベルを上げて行く。

その後スピリチュアルな能力開発のトレーニングを開始。

出会いにより、更なる次元の上昇と、高次元の存在を「見極める力」を開発し、心理学との出会いから30年近くのプロセスを経て最終的なレベルへと到達する。

進化のプロセスで出会った人との関わりの中には、今回の人生で生まれてくる前に決めていたものだけでなく、宇宙の始まりに近い時点から決まっていた出会いもあり、全ては宇宙の遠大な計画の一部であると気づく。

■Bのプロフィール

学生時代に心理学に出会い、セミナーの手伝いをするなどして、心理学の道に進むことを考えるが、自身の悩みや問題に「向き合う」ことが必要と分かった時に「無理」と感じて、心理学の道をあきらめ、普通に就職する。

病を患ったことを機に自身の人生について感じることがあり、早期退職して「何かすべきこと」を探して、数年間、幾つものヒーリングやセラピーを学んだり、スピリチュアルのセミナーやワークに参加する。

半信半疑でAのスピリチュアルトレーニングを受けることにし、ものすごいスピードで（目に見えない世界に関して）見える話せる能力、扱う能力を開発する。

見える話せる能力・扱う能力を開発したことにより、それまで学んできたヒーリングやセラピー、関わって来たスピリチュアルの本質の問題が分かるようになり、逆にスピリチュアルのことに関われなくなる体験もする。

その後、Aと共に、より高次元への能力開発を進めていき、ワークやセッション・トレーニングを共同で行うことになる。

■Cのプロフィール

大学で物理学を専攻し、企業の研究所で超伝導やレーザーなどの基礎研究や半導体の技術開発などを手掛ける。

技術者を部下に持つマネジメント職に従事した経験から、すべての社員が自分の能力を最大限に活かすことのできる職場をつくることを目的として、組織開発/組織風土改革に取り組む。

組織風土改革のベースは、全ての人が他者の眼を気にすることなく自身の考えを述べることができる「心理的安全性」にあると見抜き、その実現のために「本音で語り合える場」を作り出し運営するための理論・システムを開発する。

そのミーティングでは、話す人に共感し、一切否定・批判をしないことをルールとしているため、誰にも開示できなかった体験を語ることができる。

波なのか物質なのか？　量子論の「観測問題」

観測することではじめて波は粒子となって現れる。

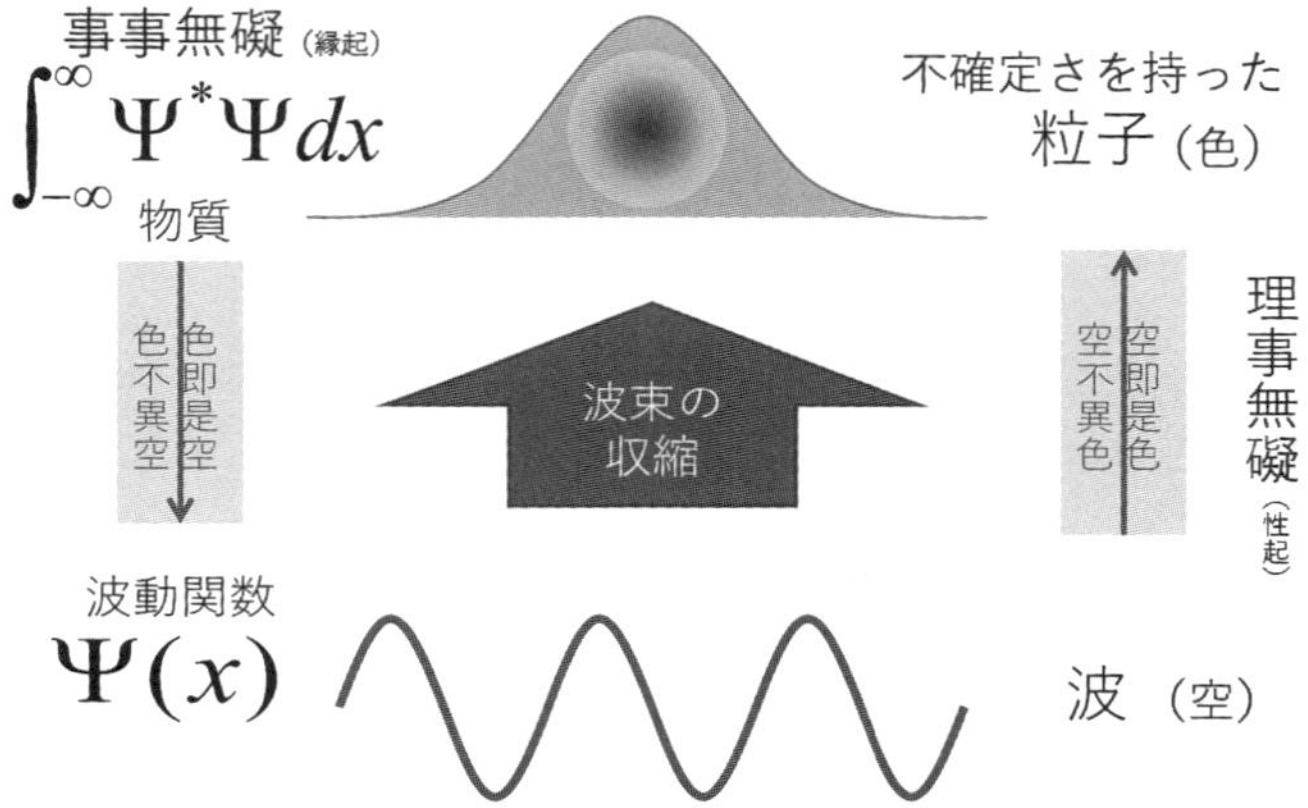

膨大に運営してきたミーティングの場を通じて、この世界に存在しえないように思われるものが見える／聞こえる／感じるといった経験・能力を有している人が予想外に多いことがわかったが、同時に、それらの体験の多くは個人の妄想や幻覚だと決めつけられてきたことも知ることになる。

研究を続けて来た分野の一つである量子力学の「すべて実在するものは波である」とする考えを適用することによって、目に見えない存在達の実在を物理的に説明することができることに気付く。

いまは物理学、心理学、脳科学、そして社会学を繋ぐことによって、すべての人達の生活をより豊かにする活動を続けている。

第 1 章

死んだ後／生まれる前の本当の仕組みを知れば、今の生き方が変わる

現代の人間はある意味、極端に死を恐れている。

だが、死んだ後どうなるか、どうすれば良いのかを知っていれば、むやみに死を恐れる必要がないことが分かってくる。

それは、自分の死でも、大切な人達の死でも同じである。

また、生まれてくる前のことを理解しておけば、人生で悩みや問題が起こってくる意味が分かり、嘆いたり悲しんだりするのではなく解消する方向にエネルギーを使うことが出来るようになる。

死への恐れが無くなり、悩みや問題がある意味ありがたいものであり、解消できるものだと分かった時、どう生きればよいのかが分かる面もあるし、悩みや問題の解消と合わせて、生き方が変わり、随分と生きやすくなる。

◆死んだ後のことについて

私達（プロジェクト・ユニバース）は多くの人のセッションを通じて、その人の家族や先祖などの霊がこの世に残っているのを見つけ、天国・極楽へと返してきた。

セッション以外のケースを含めると更に膨大な数の霊を返してきた感覚からすると、亡くな

特殊相対論でも「見えない世界」が存在する

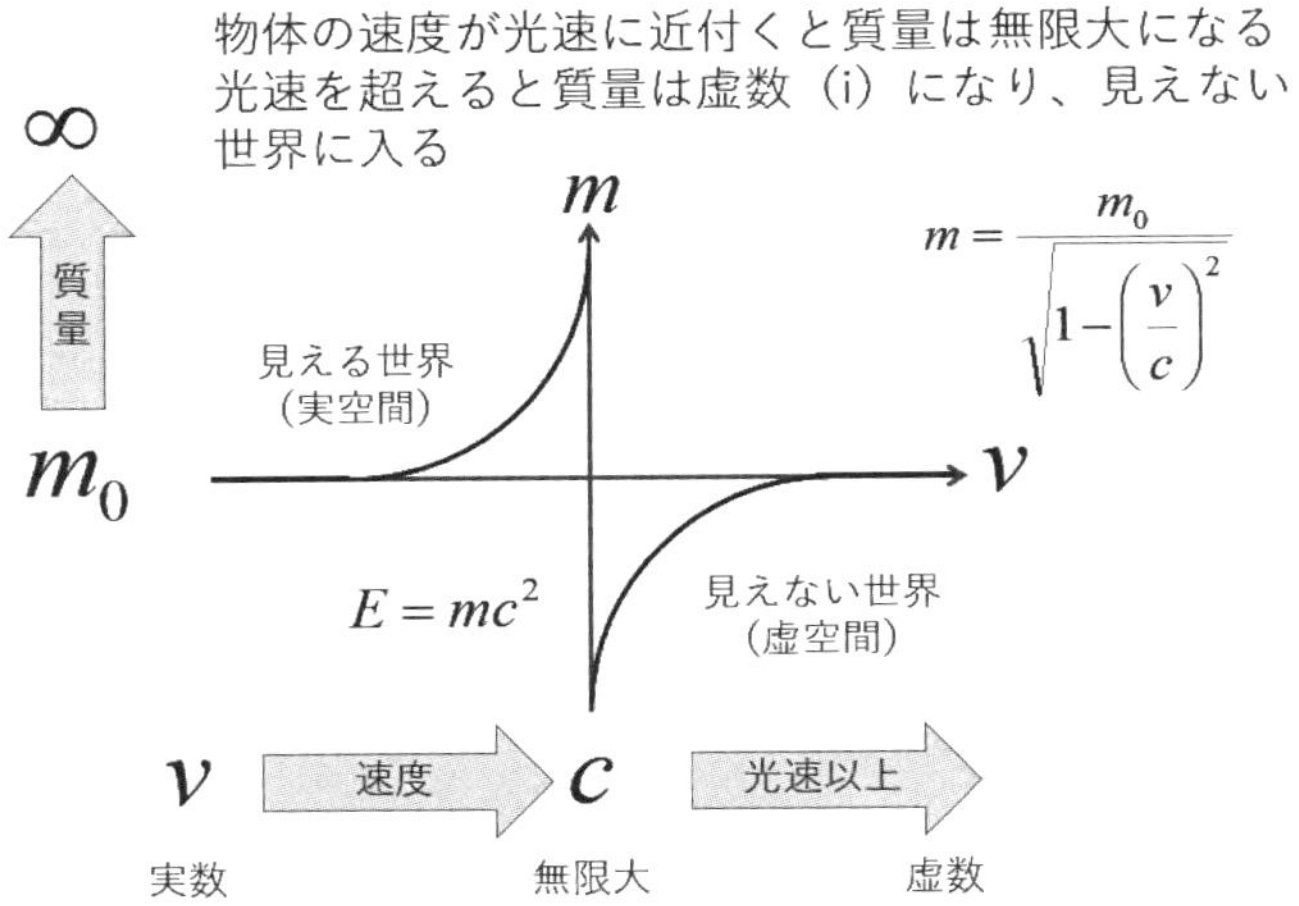

った人の半分以上はこの世に残ってしまっているのではないかと感じている。

日本においては、江戸時代には全ての人は寺に所属するように割り当てられていたし、近現代においては宗教を問わず、ほとんど全ての人が葬式をあげてもらっているはずなのに、である。

葬式さえしておけば、亡くなった人の魂は、天国・極楽に行けるという訳ではない。

◆人は死んだらどうなるのか

人が死んだ後には三つの選択肢がある。

①天国・極楽に行く
②地獄に行く

③　この世に残って幽霊になる

の、三択である。

当然誰もが①の天国・極楽に行きたいと思っているはずだが、②の地獄に行ってしまったり、③のこの世に残って幽霊になってしまう人が相当な比率になっている。

ちなみに、死に方によって、天国・極楽に行けるのか、地獄に行くのか、この世に残って幽霊になるのかは、基本的には関係がない。

自殺・他殺・事故死・戦争、病気で苦しんで、楽に老衰で、など「死に方」自体は、死んだ後の選択には基本的に関係がないのだ。

ただ、自分が死んだことが分からずにこの世に残ってしまうことはある。特に小さな子供などは「自分が死んでしまった」と理解できず、この世に残って遊んでいたりする。

◆なぜ天国・極楽に行く必要があるのか

私達は何となく死んだら天国・極楽に行くのが良いとは思っている。

そして、多くの人は、死んだら天国・極楽に行けるのではないかと理由もなく思っている。

まず、なぜ人は死んだ後に天国・極楽に行った方が良いのかについて説明しておこう。

人間は、この世での人生を終えたら、天国・極楽に行くことによって、輪廻転生のサイクルに戻る事ができるからである。

天国・極楽で一定期間を過ごしたら、また次の生を選んで生まれてくることが出来るのだ。

これが輪廻転生の基本的サイクルである。

ちなみに、輪廻転生を信じていない人も居るだろうが、そういう人はこの章を読む必要はない。全ての人が、自分が信じるものを信じ、自分の道を行けばよい。選んだ道が間違っていたとしても問題ではない。

全ては、その人の魂のプロセスの一端に過ぎないからである。


さて、死んだ後に、天国・極楽に行けずに、この世に残ってしまうと、その魂は俗に言う「幽霊」になってしまう。

これが大きな問題の一つで、この世に残って「幽霊」になってしまうと、よほど運が良くて、残された家族や子孫が「本物の能力を持った人」に助けを求めて、その幽霊を天国・極楽に返してもらわない限り、ずっとこの世に残って「幽霊」のままになってしまう。

物質は波（エネルギー）でできている〈輪廻転生の構造〉

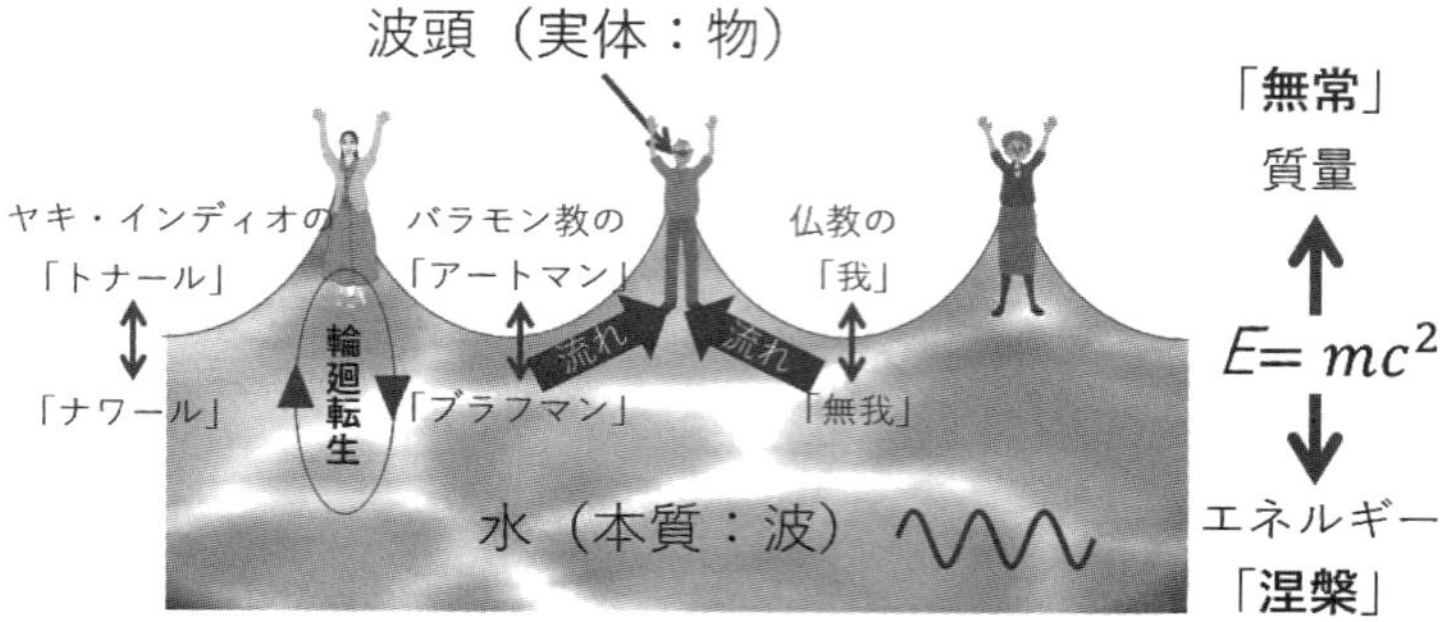

流れと流れとの関係性（共鳴）が実体を生みだしている

行く河の流れは絶えずして、しかも、もとの水にあらず。淀みに浮かぶうたかたは、かつ消え、かつ結びて、久しくとどまりたるためしなし。世の中にある、人とすみかと、またかくのごとし。

個々の人間は波の頂点で生き、死んで流れに戻る。

天国・極楽に行けずにこの世に残って幽霊になった魂は、輪廻転生のサイクルから外れてしまうことになる。

亡くなった人の半分以上がこの世に残って「幽霊」になってしまっている現在の状況が続くと、輪廻転生でこの世に生まれてくる魂が減ってしまうのではないかと思われるかもしれないが、あの世では、人間に生まれたくて待っている魂が膨大に居るので、何十億の幽霊が居ても問題ではない。

だが、あなた自身や、あなたの大切な人が亡くなった後に、「幽霊」としてこの世に残ってしまい、「二度と人間に生まれてくることが出来ない＝輪廻転生のサイクルから外れてしまう」のは悲しいことではある。

◆なぜ多くの人がこの世に残って幽霊になってしまうのか

幾つかの理由で多くの人がこの世に残って幽霊になってしまっている。
この世に残って幽霊になる代表的な理由を５つ上げておく。

1. 天国・極楽に行くものだと教えてもらっていないため
2. 亡くなった人の執着のため
3. 生きている間に又は死んでからとり憑かれた、目に見えない存在達のため
4. 残された人が悲しみすぎて足を引っ張ってしまうため（残された人の執着）
5. 生前に目に見えない存在達と契約してしまったため

ではそれぞれの内容について説明していこう。

《1. 天国・極楽に行くものだと教えてもらっていないため》

現在の日本では、死について語ることはある意味タブーのようになっているため、多くの人

は死について考えることがあまりない。

全ての人は必ず死ぬのに、である。

当然、「自分が死んだ後にどうすればよいのか」を教えてもらうことも無い。

死んだ後は葬式を上げてくれるお寺や神社など宗教家に任せておけばよいという他人任せの考え方があるように思える。

これは、葬式を上げるお寺や神社など宗教家側の都合でもある。

葬式を上げるお寺や神社など宗教家側の人達は亡くなった人を天国・極楽に導くのは葬式を上げる自分達であり、一般の人は詳しく知る必要が無いと考えているような気もする。

だが、彼らが、人が死んだ後どうなるのか、どうすれば良いのかについて、どこまで本当のことが分かっているのかは結構疑問である。

◆死んだ時どうすればよいのか分からない

私の友人が50歳位で突然死した。

葬式に行ったら、「オレはどうしたらいいんだ」と亡くなった友人が言っている。何人かの僧侶がお経を上げているが、本人はどうすれば良いのか分からないので困っている。

「上の方にまっすぐ上がって行って、天国・極楽に行くように。そうすればいつでも自由にこちらに戻ってきて、残された家族のことを見守ることもできるし、少しなら手助けもできるから」という**「宇宙の真理」**を伝えたが、自力で上がるのは難しそうなので、エネルギーでサポートして、上げておいた。

生きている間に、死んだ時にはどうすればよいのかを知っていればまだいいのだが、ほとんどの人は死んだ後どうすればよいのかを知らずに生きている。

今の時代、死んだ後にどうすればよいのかなんて、誰も教えてくれない。葬式でお経を読まれても、我々には全然わからない。

お経は何でわかりにくいのかと僧侶に聞いたら、「死んだらわかる」と言われた人がいる。

確かに生きている人間と死んだ後の霊はテレパシーで交感するので言語は関係ないのだが、お経として読んでいる内容は、何千世界のありがたい○○如来とか菩薩とか……が、迎えに来てみたいな内容であったりして、良く分からなかったり、登場してくる仏達になじみが無い現代人にはよけいに分からない可能性もある。

◆死んだ時にどうすれば天国・極楽に行くことが出来るのか

これは非常に簡単である。

あなたが死んだら、真っ直ぐに「真上」に向かって上がって行けば良い。

空の上の方、人によってはさらに上の宇宙に向かって上がるイメージの人も居る。

そうすると、自然と天国・極楽の入り口である「光のトンネル」のような所に着く。

その光のトンネルを抜ければ、天国・極楽である。これだけだ。

余りにも簡単なので、宗教にもならない。

「宇宙の真理」は本当にシンプルで簡単なものなのだ。

大切な人が亡くなった時には、**「あなたはもう死んだのだから、ずっとまっすぐ上の方に上がって行って天国・極楽に行きなさい。そうしたら自由に戻ってこられる。残っていると、幽霊になって大切な人達に迷惑をかけることになるよ」**と伝えればよいだけだ。

これは、口に出して言ってもいいし、心の中で語りかけてもよい。

それだけでいい。

このことを、生きている間にそれぞれの人が知っていたら、死んだ時に自分で上の方に上がって行くことで、天国・極楽に行けるし、残った家族や知り合いがそれを知っていたら、言ってあげればいい。

これだけでこの世に残って幽霊になってしまう魂はある程度減るだろう。

ちなみに、仏教では、いろんな人に挨拶回りをしてから上がるために、四十九日という期限があるようだ。

この四十九日という期限について確かめてみたことがある。確かに、四十九日を過ぎるとフェーズが変わるのか、自力では上がれなくなる比率が高くなるようだ。なので、四十九日までに天国・極楽に行っておくことが重要である。

一度天国・極楽に行けば、その後は自由に戻ってくることができるのが、宇宙の決まりなのだから、とりあえず死んだらすぐに上に上がって行って、天国・極楽に行っておくほうがよい。

ところが、全ての人が単純に天国・極楽に行けるわけではないのが辛いところである。

今述べたのは普通に自力で天国・極楽に上がれる人のケースであって、いろいろな事情で自力では上がれない人も沢山いる。

色々な事柄で上がれないケースとその理由についてはこの後述べるが、自分が自力で天国・極楽に行けるのかは、生きている間にはわからないので、とりあえず死んだら上に上がろうと覚えておけばよいだろう。

◆死んだ後はお墓に眠っているのか？

以前「千の風になって」（作詞：不詳・訳詞／作曲：新井満）という歌が流行ったことがある。

あの歌を初めて聞いた時に、よくこれを歌にしたものだと思ったのを覚えている。そして、その歌が流行ったことにも結構驚いた。

なぜ驚いたかというと、こんな「本当のこと」を言っていいのかと思ったからだ。

「私のお墓の前で泣かないでください、そこに私はいません、眠ってなんかいません」と、言い切っている。

まあ、千の風になっているかどうかは別として、「お墓には居ません」となると、お墓を管理している人や宗教儀式を行っている人達の立場が無くなってしまうだろう。

そんな歌が流行ったことが面白かったのだ。

とはいえ、「千の風になって」の歌を聞いた人がお墓を持つのをやめたという訳でもなさそうなので、どれくらいの影響があったのかは定かではないが……。

死んだ後にお墓に居ないとしたら、仏壇や神棚などの祭壇に居るのかというと、お墓と同じでそこに居る訳でもないのだ。お墓に眠っていないのだから、当然、遺骨がある場所に居る訳でもない。遺骨はただの物質である。

死んだ後、天国・極楽に行けた魂は、あの世とこの世を自由に行き来している。

また、残された人が、亡くなった人の事を思えば、瞬間に来てくれるのである。

お墓や祭壇の類は、亡くなった人を思い出すための「場」としての意味はあるが、それ以上の意味はない。

さらに、お経や祝詞などは必要ではない。「思うだけ」で来てくれる。

思い出す場としてのしつらえなら、写真を１枚飾っておくだけでもよい。

《2. 亡くなった人の執着のため》

天国・極楽に行けずにこの世に残ってしまう理由で結構多いのが「執着」である。

「執着」は、亡くなった人が生きている時の想いにしがみついて、天国・極楽に行かずに、この世に残ろうとすることである。

人の数だけ執着はあるのだが、残した家族の事が心配だとか、奥さんや子どもを守りたいとか、自分が作った会社が気になってとか、やりたかった事がまだ出来ていないとか、恨みをもって相手に復讐したいとか……、本当に理由は様々である。

執着の中では、残された家族が心配で残ってしまう事が一番多いと感じているが、家族の事が心配でサポートしたいならば、一度きちんと天国・極楽に行くことが重要である。この世に残って幽霊になってしまうと、迷惑をかけることしかできない。

何度も言うが、天国・極楽に行けば、自由にこの世に戻ってくることが出来るのだ。魂だけの存在になるので、この世でそんな大きなことは出来ないが、多少なりとも残された家族をサポートすることは出来る、少なくとも迷惑をかけることはない。

残した家族や大切な人が心配だとか守ってやりたいと思って、この世に残って幽霊になると、家族や大切な人を「良くない目に遭わせる」ことになるし、きちんと天国・極楽に行けば家族を幸せにする手伝い・サポートができる、ということを人々が生きているうちに知っておけば、残ってしまう人をある程度減らすことも出来るだろう。

●事例：おじいさんの執着

「お父さんの浮気がひどくて、幼少期から今に至るまでずっと、お母さんも自分も大変な目にあっている」とセッションに来られた方がいる。

相手の女が家に乗り込んできたことも一度や二度では無いという事だ。

お父さんは女遊び継続中ということで、その方のお父さんを見てみると、おじいさんが出てきた。

「息子に憑いて何をしているのか？」と尋ねると、女遊びをしているという。

死んでしまったおじいさんは肉体を持たないので、息子の体を使って女遊びを続けていたのだ。

「嫁さんや孫にこんな大変な思いをさせて悪いと思わないのか」というと、「悪いとは思うが、やめられない」という。

説得して、しぶしぶだが天国・極楽に行くというので、エネルギーで誘導して天国・極楽の入り口の光のトンネルに入るところまで確認しておいた。

ところが数週間後、もう一度その人がセッションに来られた時に、お父さんは時々家に帰ってきたりして少しは変わったが、相変わらず浮気はしていて、そんなに大きくは変わっていないという。

おかしいと思い、もう一度お父さんを見てみると、まだおじいさんが憑いている。

「前回帰ったのではないか」と問い詰めると、「まだ女遊びがしたいから戻って来た」という。

前回の、天国・極楽に帰したプロセスをトレースしてみると、ちゃんと天国・極楽の入り口の光のトンネルまでは行っていたのだが、おじいさんはトンネルの途中からUターンしてこの世に逃げ帰って来ていた。

本人が、「まだ女遊びがしたいからこの世に居たい」と思っている限りは、また逃げ帰ってくる可能性もあるので、おじいさんが信頼する人（亡くなっている人）を聞くと、母親だというので、おじいさんの母親に天国・極楽から来てもらって、説明とともに説得してもらうことにした。

お母さんは、天国・極楽の事や、この世に残って迷惑をかけてはいけないことなど説教して、一緒に帰ろうと言ってくれた。

おじいさんも、「そこまで言われるなら」と、「帰ろうかな」と言ってはいるが、まだ女遊びがしたい風には見える。

お母さんが手を引いて連れて行こうとしているのを、エネルギーを使ってサポートしながら、今度は入り口の光のトンネルを通りぬけて、本当に天国・極楽の中に行くまでをずっと確認しておいた。これでようやくあの世に行った次第だ。

これほど、人間の執着というのは難儀なものである。

●読み物：秀吉を恨んでいた30万人

以前大阪城の近くに事務所を持っていたので、時々大阪城に散歩に行ったりしていたのだが、秀吉は大阪城の天守閣に居て、大阪城に行った時に話しかけてきたり、事務所まで勝手に来たりして、時々話をしていた。

ある時秀吉が、「大阪城に観光客がいっぱい来てくれるのは良いのだが、霊が沢山いて、観光で来た人の中には時々霊を連れて帰ってしまう人がいて申し訳ない。だから何とかしてくれ」と頼んできた。

散歩で行くし、大した手間ではないので、霊達を返すことにした。

大阪城に居る霊を集めてみるがそんなに沢山は居ない。どうも秀吉を恨んでいる霊達が問題のようなので、「秀吉を恨んでいる者達は全部出てこい」と呼び出したら見渡す限りの霊が集まって来る。

霊達は秀吉を恨んでこの世に残っているのだが、本当に天国・極楽に帰る気があるのかが重要になる。

「もう400年以上この世に居るのだろう。このままずっと残る気なのか！　本来だったら輪廻転生のサイクルに入って、新しい人生に生まれ変わるはずなのに、そのまま朽ちていく気か！　どうするのだ」「今日だったら上げてやるが、これ以降は知らぬぞ」と、伝えて、天国・極楽に行くという霊だけ上げておいた。後で数を確認すると30万も居た。

霊になっても意思はあるので、行きたくない霊は、返そうとしても簡単には帰らない。

仕事として頼まれた場合は、帰る気が無いものも何とかするのだが、秀吉からの依頼なのでそこまでしてやる義理はない。

大阪城に関しては、これ以外にも、淀君達だったりも上げたりして、少しはきれいにしておいたのだが、他の時代の霊達を考えると大阪城に霊がいないという訳ではないし、新しく寄ってくる物も居るだろう。

大阪城に関しては他にも面白い体験がいくつかあるので、またどこかで触れよう。

《3．生きている間に又は死んでからとり憑かれた、目に見えない存在達のため》

私達は生きている間に、スピリチュアル的なものであったり、宗教的なものであったり、パワースポット巡りだったり、何かが居る場所に行ってしまったり、果ては講師が何かの力を借りて成功していたりするセミナーだったりと、あらゆるところで目に見えない存在達にとり憑かれる可能性がある。

また、死んでからの葬儀であったり、葬儀の場所であったりによって、目に見えない存在達にとり憑かれてしまうこともある。

その人にとり憑いた目に見えない存在達の次元や能力によって強弱は変わってくるのだが、死んだ時に本人が天国・極楽に行こうと思っても、憑いている存在が邪魔をして天国・極楽に行けなくなることがある。

●事例：母の葬式

私の母が亡くなった時に色々参考になる出来事があったので記しておこう。

私は仕事柄色々分かっているが、普通の世界に生きている私の家族、父や弟にとっては、お葬式をするのは当たり前のことである。

「葬式をしない方がよい」とは言えないので、仕方なく実家に帰ってすぐに、亡くなった母と話をして天国・極楽に上げておくことにする。

ところが、やはりすでに面倒なことが起こっていた。

母が亡くなってすぐに、僧侶が来てお経をあげてくれていたのだが、これは宗派に限らずだが、お経の中には目に見えない存在達を召喚してしまうものがあるのだ。

私は事前に分かっていたので、僧侶には来てほしくはなかったのだが、そうもいかないのが辛いところだ。

仕方なく、先ず母親に憑いている存在を取ってから、母親を天国・極楽に返しておいた。

その後の葬儀業者と僧侶を含めての葬儀の打ち合わせでは、僧侶は3人まで呼ぶことが出来ます等々、色々な提案があった。

私は、僧侶は最低限の一人でよいし、他も極力簡素にと、宗教的な部分は最低限にしてもらうようにした。お経をあげるたびに目に見えない存在達が来るので、手間が増えて面倒だからだ。業者や僧侶からは、薄情な長男だと思われたと思うが、見ている世界があまりにも違うので仕方がない。

葬式が終わってから母親と話していると、初七日などの法要を断るように父と弟に言ってくれという。

天国・極楽に行った母親は色々なことが分かるようになったので、お経をあげると目に見えない存在達が来て、父や弟にも迷惑がかかるので法要を断ってほしいというのだが、父や弟に説明するのも難しいので、法要の後に、私が来た存在を取っておくからと母親を説得した。

私が息子でなかったら、お経でやって来た目に見えない存在達にとり憑かれた母親は、天国・極楽に行けずに、この世に残って幽霊になってしまっていただろう。

本人が望んで関わったことによって、目に見えない存在達が憑いてくるなら半分は自業自得だが、母親の例のように望んでないのに外的な要因で目に見えない存在達にとり憑かれてしまうことがあるのが難しい点である。

ちなみに、僧侶や神官や葬儀業者は善意でお経や祝詞をあげたり、葬儀の段取りをしてくれるのだろうが、まさかお経や祝詞を読むことで、その魂が天国・極楽に行けなくなることがあるとは思ってもいないだろう。

◆目に見えないどんな存在達が憑いていると天国・極楽に行けなくなるのか

目に見えない存在達の全てが、とり憑いた人の魂を天国・極楽に行けないように出来る力を持っているとは限らない。普通の霊では、そこまでの力はないように感じている。

しかし、憑いている存在が悪魔であったり妖怪であったり宇宙人であったり、神や仏を名乗る存在であったりすると、天国・極楽に行けなくなる可能性が高くなってくる。

当然、それ以上の力を持つ存在に憑かれていると、天国・極楽に行けなくなる確率はさらに高くなる。

生きている間に信心したもの、強い思いで祈って繋がったものなどによって、天国・極楽に行けなくなることは、けっこう普通に起こっているのだ。

魂や輪廻転生の観点で考えると、悩みや問題の解消であったり、成功や目標の達成を目指して、目に見えない存在達の力を借りようとすることはやめておいた方が良い。

普通の人にとっては、「何をしたら目に見えない存在達にとり憑かれることになるのか」が分からないのが難しいところであるが、「すがる思い」や「助けてもらえると思って」や「純粋な信仰」が危なかったりするのだ。「大丈夫かな？」と思ったら、できれば「君子危うきに近寄らず」がよいだろう。

◆残っている先祖などの霊はどんな影響があるのか

人間に憑いている存在の中で一番数が多いのは霊だろう。

私達に霊が憑いていることによって、どんな影響があるのかを説明しておこう。

霊が憑いていることで、死んだ時に天国・極楽に行けなくなる事もあるが、それ以外にも、人生において、けっこう大きな影響を受けることになる。

誰かに霊が憑いている場合に一番多いのが、身内・先祖の霊である。

両親や祖父母や兄弟姉妹など、よく知っている人の霊は当然だが、もっと前の先祖の霊が憑いていることもよくある。

例えばお金の問題や仕事の問題、男女関係など、何かの悩みでセッションに来られた方を見ていくと、何代か前の先祖が憑いていることがある。

その先祖が生きていた時に、お金や仕事や男女関係の問題を起こしていて、その先祖が憑いていることによって、今生きている人にも同じ問題が起こったりするのだ。

もう少し複雑な場合もある。

例えば、男女関係での相談で原因を探していくと、何代か前の先祖が男女関係で問題を起こしていて、その時にひどい目に遭わせた相手の人が「末代まで祟ってやる」と恨んでおり、子孫の中でその人に憑いていたことが何度もある。

事実は小説より奇なりである。

これらの末代まで祟ってやるというケースでは、先祖と恨んでいる人の間に起こった「出来事」を解消してやり、恨んでいる霊の「その時の思いや感情」などもすべて解消してから、霊を天国・極楽に返してやる必要がある。

先祖も残っていれば返す必要があるのだが、先祖は気にせずに天国・極楽に帰っていて、恨んでる霊だけがこの世に残っている事も結構ある。

子孫にしたらいい迷惑だ。

ちなみに、沢山いる子孫の中で「その人」に憑いているには訳がある。その人が生まれる前に決めた人生の課題の一つに、「とり憑かれていることに気づき、霊を返していく」ことを選んでいたり、先祖と同じテーマの男女関係だったりお金の問題だったりを課題として取り組むと決めて生まれて来ているので、先祖がその人に憑いてくることもある。

また、将来その人が私達のところに来ることが分かっていて、私達に解消してもらおうとその人に憑いていることもある。

生まれてくる前に決めて来た課題の解消の中には、霊を返す場合の様に、自分自身で霊を返す事は出来なくても、出来る人の力を借りるという形で、課題を乗り越える場合もある。

《4．残された人が悲しみすぎて足を引っ張ってしまうため（残された人の執着）》

家族や大切な人が亡くなった時に、残された人があまりに悲しんでいると、本人が天国・極楽に行こうとしているのに足を引っ張ってしまい、この世に残って幽霊になってしまうケースがある。

死んだ後のことや生まれる前のこと、輪廻転生について知っておけば、むやみに悲しんで足を引っ張ることは無くなる。

「死」は今回の人生の「卒業」である。

私達は生まれる前に、自分自身で「計画」をして生まれてくる。人生の大きな流れはその計画に基づいて進んでいく。

死についても、少し早かったり遅かったり、計画と違う死に方もあったりするが、今回の人生の終わり＝卒業であることに変わりはない。

死んで＝卒業して、せっかく天国・極楽に帰ろうとしている魂の足を引っ張って、この世に残らせて幽霊にしてしまうのは可哀そうである。

大切な人や身近な人が亡くなったなら、今回の人生の計画をクリアできたかどうかは別としても、**「やっと卒業だね。今回は大変だったけど、よく頑張ったね。おめでとう。まっすぐ上に上がって早く天国・極楽に帰りなさい」**と言ってあげればよい。

《5．生前に目に見えない存在達と契約してしまったため》

「悪魔に魂を売り渡す」という言葉がある。

現代の世でも、実際に悪魔だけでなく、目に見えない存在達の力を借りるために契約を結んでしまっているケースが、けっこう多く見られる。

私達は、成功したい、お金持ちになりたい、勝負に勝ちたい、または病気を治したいなど、「望み」を実現するために、神仏を中心とした目に見えない存在達に頼み事をする。

神や仏に祈るだけで契約になるのかどうかは個別のケースによるのだが、巫女や神官、僧侶、占い師、陰陽師などを通して、本格的に目に見えない存在達の力を借りようとしたなら、本人が契約と思っていようがいまいが「契約」したことになる確率が高くなる。

契約の内容は巫女や神官、僧侶、占い師、陰陽師も分かってないケースがほとんどであるし、それ以前に、契約になっているのかどうかさえ分かっていない。

一般的に、大きな力を借りることができたとしたら（大きな結果を望むのであれば）、契約になっている確率が高いと思っておけばよいだろう。

鋼《はがね》の錬金術師ではないが、力には対価が必要になる。

目に見えない存在達にとっての対価は「人間のエネルギー」である場合が多い。

そして、最強の対価が「魂」そのものである。

悪魔（を含めた目に見えない存在達）に魂を売り渡すという契約を結ぶと、その人の魂は、二度と天国・極楽に行けなくなる。所有権が変わるのだから当然だ。

悪魔や目に見えない存在達は、魂を集めることで自分のグレードが上がって行くので、沢山集めようとしているところもある。

現代では、魂を売り渡してまで望みをかなえたり呪うような力を持っている巫女や神官、僧侶、占い師、陰陽師などは減っているので、以前よりは魂の危険度は下がっていると言えるが、魂を売り渡さないまでも、神社仏閣やパワースポットで頼みごとをすることで、目に見えない存在達にとり憑かれるということは日常的に起こっている。

頼んだ見えない相手によって、リスクは変わるが、依頼の仕方によっては、その人が死んだ後の魂は相手の物となり、輪廻転生のサイクルから外れてしまう。二度と人間に生まれてくることは出来ないのである。最悪の場合、人生の途中で命を失う事にもなる。

また、頼みごとをした存在との関係が契約にまでは至っていなくて、運よく死んだ後に天国・極楽に行くことが出来て輪廻転生のサイクルに戻れたとしても、次に生まれてきた時には、生まれた時からその存在にとり憑かれているので、人生に困難が降りかかって来ることになる。望みをかなえたいと願って、目に見えない存在達の力を借りようとするのはやめておいた方がよいだろう。

◆守護霊や指導霊と呼ばれている存在について

守護霊や指導霊という言葉があって、霊能者や占い師から「ご主人の霊が守ってくれています」とか、「おばあちゃんの霊が守ってくれています」と言われたりすることもある。

きちんと天国・極楽に行った魂がこの世の家族や子孫を「一時的に」サポートしてくれることはあるのだが、ほとんどの場合、守護霊だとか指導霊と言われている存在は、天国・極楽に行けずにこの世に残っている「幽霊」である。確かにその霊と話をすれば、「守っている」という。

ところが、その霊が天国・極楽に行っていない「幽霊」だった場合には、いくらその霊が「家族や子孫を守りたい」と思っていても、生きている人間の側からすると、「幽霊にとり憑かれている」ことになってしまう。守られているはずの人にもよいことは起こらない。

普通に考えて、幽霊にとり憑かれた人によいことが起こる訳がないのである。その霊が幾ら善意であろうとも、幽霊である限り、大切な人を絶対に幸せにはできないのである。

前述のとおり、一度きちんと、天国・極楽に行っておかないとダメなのだ。

私達一人一人には個々に守ったりサポートしてくれる存在が居るが、それは身内の霊などではなく、もっと深く長くあなたを守ったりサポートしてくれている存在である。

その存在について、詳しくは第6章で説明しよう。

◆天国・極楽はどんなところなのか

セッションに来られた方の親戚のケースだが、事故で亡くなったその人は、残された奥さんと子供のことが気になって、ずっと家族と一緒にいるという。

「死んだら、ちゃんとあの世に行かなきゃいけない。一回行ったらその後は自由にこっちに帰ってこられるから、奥さんや子どものサポートもできる」と、基本的な仕組みを説明しても、「いや、自分がついていないとダメだ」「心配だから離れられない」という。

仕方がないので、信頼している身内は誰かを尋ねると、セッションに来られた人の「お父さん＝叔父さん」というので、天国から来てもらって、一緒に説明&説得をお願いした。

半信半疑ながら、「叔父さんが言うのであれば天国・極楽に行ってみる」というので、こちらもエネルギーで手助けをして、返してあげた。

2人で天国・極楽に帰って、ものの4~5秒後に、2人してまた戻ってきた。何か問題があったのかと思っていると、伝えたいことがあって戻って来たという。

こちらの世界での4~5秒の間に、彼らは「天国・極楽」のあちこちを見学したり、地球上の好きなところに飛んで行ってバカンスを楽しんだり、おいしいものをたくさん食べたりいっぱい楽しんで来たという。

向こうでは随分と時間が経っていて、いろんなことを体験して、「行ってよかった、ありがとう」と伝えたくて2人で戻ってきたのだった。

男性は「あんなによいところだったら、すぐに行けばよかった。この世に残っていて損した」と言っていた。

戻ってきた男性の魂は、もう幽霊ではなく輪廻転生のサイクルに戻った魂である。一旦きちんと天国・極楽に行くと、来たいと思えば、いつでも自由にこちらの世界に来ることができるのである。

また逆に、こちらに残った人が、亡くなった人のことを思えば、いつでも来てくれる。

それが本来の自然な形である。

私達は、一度ちゃんと天国・極楽に帰らないと、この世に残ってしまって「幽霊になってしまう」ということさえも十分に分かっていない。きちんと教えてもらっていないから残ることも多い。

大切な人に迷惑をかけたくて幽霊になる人はいない。ところが、両親や祖父母や兄弟など、亡くなった身内が、この世に残って幽霊になってしまっているケースがあまりにも多い。

◆本人にとっての死と残された人にとっての死について

大切な人が病気や怪我や事故などで苦しんで死んだ場合などに、私達は可哀そうと思ってしまうが、苦しんで死んでも天国・極楽に行ける人もいるし、老衰で死んでも地獄に行ったり、この世に残って幽霊になる人もいる。

どんな死に方をしたかは、関係がない。

先に書いたように、死んだ人にとっては、死は今回の人生からの卒業に過ぎない。

死とは苦ではないのだ。

たとえどんなに苦しんで死んだとしても、どんなひどい死に方をしたとしても、自殺であっても、誰かに殺されたとしても、その人の魂が、天国・極楽に行けさえすれば、本人的には全く問題ではない。残された人が、「可哀そうだ」とか「苦しんでいるんじゃないだろうか」と心配する必要も全くない。

心配する必要があるのは、ちゃんと天国・極楽に行けているかどうかなのである。

苦しんで死んだりひどい死に方をしたことで、本人が思いを残したり恨みを持ったりしてこの世に残ってしまうことのほうが、その魂にとっては大きな問題である。

実は、大切な人の死は、残された人にとってこそ大きな意味を持っている。

ずいぶん前のことになるが、セラピーを受けに来た女性が、セラピーが終わった後に、「凄くすっきりしました。実は今日は中絶してしまった子の3回目の供養の日なんです。

水子供養の寺に行こうかどうか迷っていたのですが、今から行くことにします」と言われた。

私は、「そんなところに行く必要はない」と伝えて、水子供養しても子供は残っていると感じたので、本人に見せてあげることにした。肩のあたりに子供がまだ居たのである。

その子に「何でここに居るのか？」と尋ねると、「お母さんが罪悪感を抱いて、悲しんでいるからだ」という。残された人が引っ張ってしまうパターンである。

女性は、「あの子は何のためにこの世に生を受けたのか、たった数週間で私達の都合で命を終えてしまった。あの子の人生を奪ってしまった」という。

前述で、私達は生まれてくる前に、計画を立てて生まれて来て色々な経験をすると書いたが、では中絶されたこの子のように、数週間の胎児期だけこの世に居た魂は、この世でどんな経験をするという計画を立てたと考えればよいのかという疑問が出てくる。

このケースで言えば、この子の魂は、お母さんのお腹に入って数週間で、また天国・極楽に帰るという計画をしてこの世に来ていた。

本人にとっては、中絶されて、天国・極楽に帰ることで今回の人生は卒業というのが人生の計画だったのだ。

では、その子の魂はなぜ、一旦お母さんのお腹に入って、すぐに帰るという計画を立てたのかが重要になってくる。

その子の魂の計画は、胎児期を経験するというのは当然あるのだが、それ以上に、残された家族、今回の場合は特に母親に、「中絶を乗り越える」という体験をプレゼントする計画を立ててこの世に来たのだ。これを母親に伝えて、子供と話をしてもらった。

子供は「私がお母さんに中絶という体験をプレゼントして、お母さんはその体験を乗り越えるという相談をしてたじゃない。でも（この世では）お母さんはずっと悲しんでいて、全然乗り越えようとしないから、私は天国に帰れなかったんだよ」

母親は涙を流しながら子供に謝り、色々と話をして、計画の意味も理解してくれたので、子供は天国・極楽に返してあげることになった。

このケースでは、母親が罪悪感と悲しみで引っ張ってしまったので子供の魂は残ってしまったが、本人が天国にさえ行ければ、何の問題もなかったのだ。これで、計画通り今回の人生は卒業である。

大切な人を亡くした時、残された人はその人の死をどう捉えて、受け止めて、そこからどう生きていくかを問われることになる。

そのために「大切な人を亡くす」という体験をプレゼントされたのだ。

大切な人からあなたへの最後のプレゼントなのだ。

当然であるが、亡くなったこと自体を悲しみすぎて、その人が天国・極楽に帰れなくしてしまうようにするために準備された体験のはずがない。

その体験をどう乗り越えるのか、そこからどのように生きるのか、何を選んでいくかは自分で考えるしかない。

大切な人を亡くした時に、「喪失感」は必ずある。今まで居た人が居なくなるという喪失感だけは仕方のないことである。

だが、私達が「生や死のしくみ」「死のもつ意味」「生まれる前の計画」などをきちんと知っていたら、喪失感以外の不要な悲しみを感じる必要は無くなる。

要らない悲しみが無く、純粋な喪失感だけであれば時が解決してくれる。

これを知っているだけで、残された人にとっての人生が大きく変わることもあるだろう。

◆亡くなった人と繋がりたい時に

家族や大切な人を亡くした時に、その人と繋がることはとても簡単である。

「その人のことを思った瞬間に繋がれる」

祝詞やお経を上げる必要もないし、お墓や祭壇などのしつらえも必要ない。いつでもどこでも思えば繋がれる。

とはいえ、「思えば繋がれる」と言われても……と思う人も多いだろうから、もう少し説明を加えておこう。

「思う」とは、その人のことを「想像する」「イメージする」だけで良い。

そして、「想像・イメージしたその人」と普通に話せばよい。

声を出して話してもよいし、イメージの中・頭の中で会話をしてもよい。

目に見えない存在達とのコミュニケーションは「テレパシー」で行う。

亡くなった人も、目に見えない存在にあたるので、口に出してもイメージの中で話しても相手には伝わるし、相手の言葉はイメージの中で直接言葉として感じられる。

ただ、自分が感じたことを「勝手に想像しただけだ」と思ってしまうことを乗り越える必要はある。これが一番難しいところかもしれない。

普通にカジュアルに、「元気？」という感じで話しかければよい。

亡くなった大切な人が天国・極楽で幸せなのが分かると、不要な悲しみは減るだろう。

ここで一つ重要なポイントがある。想像・イメージしたその人が、悲しそうな顔、沈んだ顔、硬い表情、怒った顔をしていた場合は要注意だ。

ちなみに、想像する際に、遺影だったり飾ってある写真を思い浮かべる人が居るが、できれば何も思わずに想像したほうが良い。

当たり前の話だが、天国・極楽に行けた人は幸せなので、「いい笑顔」をしているのだが、この世に残ってしまっている霊はそうはいかない。

イメージできる表情だけで、その魂が天国・極楽に行けているのか、残って幽霊になってしまっているのかが、ある程度分かるのだ。

本物の「宇宙の真理」はとてもシンプルで簡単なものなのである。

いい笑顔でなかった場合は、亡くなってすぐであれば、「すぐに上に上がって、天国・極楽に行くように」話をしておくとよい。

どうも自分では自力で帰れなさそうであれば、きちんと返せる人に頼むしかないのだが、自称ちゃんと返せる人は膨大に居るが、本当にちゃんと返せる人はあまり居ないのが難しいところである。

◆どうして地獄に行くはめになるのか

仏教には六道輪廻という考え方があるようで、悪いことをしたら地獄に行くことになっている。

キリスト教にも地獄はあって、神道にも黄泉の国という概念があるということは地獄もあるのだろう。

それ以外の宗教にも地獄を定義している物は、けっこうあるのではないだろうか。

人類が生まれてこの方、霊が見えたりアクセスできる人はある程度居たので、地獄について知り得た人が伝えることで、地獄の存在が知られてきたのだろう。

どれくらいの割合の人が死後に地獄に行っているのかは知らないが、沢山の地獄があって、それぞれに膨大な人が居るのはある程度分かっている。

人が死んだら、天国・極楽に行くか、地獄に行くか、この世に残って幽霊になるかの三択なのだが、地獄に行きたい人はほとんどいないと思うのだが、なぜかけっこうな数の人が地獄に行ってしまっている。

なぜ人は望んでいないのに地獄に行ってしまうのかというと、「自分は地獄に行くんじゃないか」と思っている人が地獄に行くことになるからだ。

生きている間に悪いことをした人が地獄に行くとしたら、死んだ時に人生を振り返って、自分は何も悪いことをしていない、誰も傷つけたりしていないと思える人は、ほとんどいないはずだ。

ほとんどの人は嘘をついたり人を傷つけたり、多少悪いことはしている。信心深い人は特に、自分は悪いことをしてきたから死んだら地獄に行くことになるのではないかと思っていたりする。

地獄に行くかどうかは、閻魔が来て無理やり連れていかれる訳ではなく、あくまで本人の本当の想いで決まるようである。ちなみに、地獄に行きたくないから「私は天国に行ける」と頭で思っても意味は無い。どこでどんな死に方をしようが、「自分は地獄に行くんじゃないか」と思っている人は、地獄に行く可能性が高くなる。自分がしてきたことを一番良く知っているのは自分だからだ。

世界には色々な宗教があって、地獄という概念を持たせ、恐れさせることで善行へ導くというのは分かるが、結果的にはまじめに信仰している人ほど地獄に行くことになるという逆説的な問題が起こっているとも言える。

誰が見ても地獄に行くだろうと思われる悪いことをしている人は、内心では地獄に行くことになるのではないかと思っているから、ちゃんと地獄に行けるのだが。

●読み物：地獄を見つけた話

セッションやワークで、死んだ人を天国・極楽に上げることはあっても、地獄に行かせることはないので、地獄を見たこともないし、地獄から戻ってきた人に会ったこともなかった。そのため以前は、セミナーや講演で地獄は無いと言っていた。

ある時、家を建てたクライアントさんの土地の水脈に問題があって、水脈をたどるとある有名なお寺の井戸に繋がり、そこから影響が来ていたので、井戸をきれいにするために、そのお寺に行くことになった。

井戸に居た存在を環した後、せっかく来たからと、境内を見学して五重塔に上がったのだが、下りてきた途端、一緒に行った先生が立っていられずに座り込んでしまった。私も足がすごく重くなり、動きにくくなってしまった。

何が来たのかと見てみると、餓鬼が無数に足にすがりついていた。餓鬼がいるということは、ここは地獄なのか……と詳しく見ると、本当に地獄だった。

　初めて地獄を見つけた瞬間だった。

　地獄の鬼達の責任者を呼び出して、「本来地獄というのは更生施設だったんじゃないのか！」と問うと、すまなさそうに、「本来はそうなのだが、きちんと機能していない」という。

　さらに、「もしかして、歴史上、誰も更生して輪廻転生のサイクルに戻った者は居ないのではないか？」と問うと、「そうだ」という返事。

「ちゃんと更生させて輪廻転生のサイクルに戻れるようにしなさい」というと、「これからはそうするが、閻魔がどこかに行って帰ってこないから、自分達だけでは出来ない」という。

　そこで思い出したのが、以前に閻魔を呼び出した時に、きちんと働いていなかったので、あちこちの地獄の閻魔を全部集めて、閻魔を生み出した高次の者達に、「ちゃんと働くように更生させておいてくれ」と頼んで上げておいたことがある。その時の閻魔達が、まだ戻って来ていなかったようだ。

　仕方がないので、閻魔を生み出した高次の存在達をもう一度呼び出して、閻魔を早く更生させて地獄に戻すように伝えておいた。地獄が更生施設として機能するようになっているとよいのだが……。

　地獄を初めて見つけた時の話だが、地獄があると思っている人がたくさん集まる宗教施設だったから、地獄の入り口があったのだろう。

◆生まれてくる前の人生の計画・目的・役割について

私達は生まれてくる前＝天国・極楽で、今回の人生の計画を立ててからこの世に生まれてくる。

計画は自分とサポートしてくれる存在をメインに、ソウルメイトと呼ばれる仲間の魂も協力者として計画立案に関わってくれる。

人生の計画とは、今回人間としてこの世に生まれて、どんな経験をして、どんな課題をクリアするのかという、人生のアウトラインを決めるものだ。

学年の始めに1年で取得する単位を決めるように、今回の人生での課題を相談しながら決める感じである。

課題には、過去世において作ってしまったトラウマなどのダメージを、今回の人生で解消しようと設定するものがけっこう多い。

この場合の過去世には、人間としての輪廻転生の中での過去世だけでなく、古い魂であれば、地球に来る前の輪廻転生のトラウマやダメージも含まれる。

生まれてくる前の計画についてアウトラインを決めると述べたが、人生で起こってくる出来事のすべてが細かく計画されているわけではない。

大まかな計画は生まれる前に決めてくるのだが、人生のプロセスにおいては私達自身の「選択」がけっこう大きな割合を占めている。

あなたをサポートしてくれている存在達は、基本的にはあなたの「選択」を見守ってくれる。「あら～そっちを選ぶのか」と思いながらも、計画に戻れるように次の「体験」を準備してくれたりもする。

また、そろそろ課題に取り組む時期だからと、トラウマを作った過去世と同じような「体験」をセッティングしてくれたりもする。

その体験に関わる人物として、ソウルメイトの人達が協力者として登場してくれたりもするのだ。

ちなみに、ソウルメイトの果たしてくれる役柄は、あなたにトラウマを経験させてくれる側だったり、助けてくれる側だったりする。

あなたを助ける側の人だけがソウルメイトという訳ではない。ここを勘違いしている人が沢山いるような気がする。ソウルメイトについては後でもう少し詳しく触れよう。

◆自分で選んだ両親や環境

人生の計画や取り組むと決めた課題を経験できるように、私達は「両親」や「環境」を選んで、そこに生まれてくる。

過去世において、親子関係でトラウマを作った人は、今回の人生で再度同じような経験をして、今度こそトラウマを解消しようと、近い体験を提供してくれる両親を選んで生まれてくることになる。

どこの国に生まれて来るかも、生まれてくる前の計画に応じて選ばれていたりする。「何となく平和な日本」を選んで生まれてくる魂もいれば、「発展途上ではあるが、チャンスに満ちた国」を選ぶ魂もいる。「抑圧された国」を選んで生まれてくる魂もいるなど様々である。

その環境での「体験」が、計画に必要であるから選んで生まれているのだ。この本を読んでいるあなたは、どんな体験をするために、両親や環境や国を選んで生まれて来たのだろうか。

生まれてくる前の計画の全てがトラウマや課題の解決という訳ではなくて、人生の計画の中には幸せな体験をするという計画もある。

私達は悩みや問題の解決のセッションを行っている関係上、トラウマやダメージの解消という計画を比較的沢山見て来たのだが。

◆課題・テーマに必要な体験が準備されている

あなたが生まれる前に計画してきた課題・テーマは、人生のいつかどこかで「体験」としてやってくる。

ところが、人生の計画については、胎児期に全て忘れるようにプログラムされているので、私達はどの体験が何の課題やテーマのために起こっているのかが分からない。

そのため、日々起こってくる大変な体験に取り組んで解消するのか、スルーするのかを自分で選ばなければならない。取り組んでも解消できなかった場合やスルーした場合は、また同じような体験が準備されることになる。

ちなみに、心理学に「ノック・サインはだんだん大きくなる」という言葉がある。準備された体験に気づかなかったり、取り組まずにスルーすると、さらに大きな出来事・体験が準備されることになる。だんだん状況は悪くなるのだ。

さらに、死ぬまでに解消できなかった課題やテーマは、次回以降の人生でやり直すことになる。

取り組むかスルーするかは自分で選べるのだが、何度も同じ目に逢ったり、来世でも同じ目に逢いたくなければ、大変でも取り組んで片づけておいた方がよい。覚えていないとしても、自分でやると決めてきたのだから。

よく、超えられない悩みや問題は起こってこないと言われるが、ある意味それは正しい。ただし、自分一人で解消しなければならないとは限らない。家族や周りの人の助けを借りたり、解消できる専門家の助けを借りることもできる。そのための出会いも準備されている。

だが、取り組むかどうかを選べるように、誰かの力を借りることも自分で選択しなければならないのが難しいところだ。

◆自殺をどう考えるか

自殺について、ここで触れておこう。

以前より少しは減ってはいるようだが、日本は世界的に見ても自殺の多い国の一つである。

生まれる前の事を知ると自殺は減ってくるとは思うのだが、自殺を否定はしないが、「もったいないな」とは思う。

死んだ後に天国・極楽に行けさえすれば、どんな死に方をしても関係ないと書いたが、そういう意味で、死に方としての自殺はそれ自体が問題という訳ではない。

自殺をする理由によるのだが、追い詰められたり人生を悲観しているという点では、死んだ後に、この世に残ってしまう確率は高くなるであろう。しかし、それ以上に、自殺で人生を終わらせるのは、少しもったいない感じがしている。

今悩んでいる人に一つだけ伝えるとしたら、学校や家庭や職場など、自殺してまで、そこにとどまらなければならないほど重要な「場」は無い。縛られる必要はない。一旦リセットするという選択もある。

私達は生まれる前にサポートしてくれる存在や仲間の魂と、こんな経験をしようと計画して生まれて来ている。計画してきているのだから、いじめだろうが、どんなにひどい状況だろうが、解消するチャンスは絶対に持っている。

悩みには、自分自身で解消できるものもあるが、多くは周りの人や誰かに助けてもらって解消することが多いだろう。助けられる人との出会いも準備されてはいるのだが、それに気づいて、選ばなければならないのが難しいところではある。

ちなみに、自殺という形で今回の人生を終えることを生まれる前に計画しているケースが無いとは言い切れないが、確率的には相当に低い。計画している人がいるとしたら、残された家族の経験のために自殺という形で人生を終えようと決めてきている人がいる可能性はゼロではないだろうという程度である。

◆人生の振り返りと人生の計画

死んだ後、本人は、天国・極楽に行けさえすれば、悩みも苦しみもない。超幸せである。

死ぬ間際に走馬灯のように人生が見えるとよく言われるが、本当のことのようだ。それはしんどいことではなく、人生を振り返って、生まれてくる前の計画と照らし合わせて、「あ、しまった、あれもしていない、これもしていない、あら～～……」ぐらいの感じである。

学校の単位に例えると、いっぱい落とす人もいれば、ほとんどクリアする人もいる。学校の履修単位は自分で覚えているが、人生の単位は胎児期に忘れるようにプログラムされているから、きちんと単位が取れる確率が、けっこう低いのが辛いところである。

◆体験自体に価値がある

何を幸せと感じたり大変と感じるかは、その人の捉え方次第で変わってくるのではあるが、人生においては大変なことやしんどいことが沢山起こる。

私自身も、もうちょっと楽にやらせてほしかったと思う目に何度もあって来たのだが、楽にスイスイと過ごせる人生であったとすれば、体験の密度が下がるので、ある意味人生が薄っぺらになるのだろう。

体を持ち、言葉を通さないとコミュニケーションがとりにくい３次元のこの世界だからこそできる複雑な体験が魂にとってはとても重要な体験なのである。

大変な状況になった時でも、そこまでの選択は自分でしてきた結果である。

魂のサポーターが警告となる出来事を起こしてくれていたとしても、結果的に大変になる方を自分が選んでしまったのは仕方がない。

次にいつ生まれて来ることが出来るかはわからないのだから、出来るだけいろいろ経験しておいたほうがいい。

そのぐらい、地球はいろいろな経験をするのに適した場所なのだ。

◆輪廻転生の期間はどれぐらいなのか

次にいつ生まれてくることが出来るのかは分からないのだが、出会った人の魂の中には８０

0年ぶりに生まれてきた人、60年で生まれてきた人など色々な人が居た。

一番短かったのは2年で生まれ変わってきた人が居た。

セッションに来た人が時々すごい頭痛がするというので、原因のシーンを見てもらうことにした。

出産のシーンが出て来たので詳しく見ていくと、難産で、母体を助けるために鉗子分娩で子供の命が犠牲にされてしまったようだ。

子供の霊が憑いているのかと探してみるが、どうも霊は見つからない。更に詳しく見ていくと、亡くなった子供は自分だという。

すごい頭痛の原因は過去世での出産時に鉗子分娩で頭を潰されたダメージだったのだ。

頭痛の原因の出産のダメージは解消しておいたのだが、その時の母親が今の自分の母親で、父親は今の自分の父親だという。

過去世なのに、どういう事かと不思議に思っていると、そう言えば成人したころに母親から、「生まれるときに死んだお姉ちゃんがいた」と聞かされたという。

もう一度出産のシーンをよく見ていくと、やはり亡くなった子供は自分で間違いないという。

その人は、今の父親の子供として生まれることを決めていた。

最初に生まれて来た時、出産時に亡くなったのは、本人的には想定外のトラブルだったのだ。

医師がうまくやれば母も子供も助けることができたはずだが、亡くなってしまったのは仕方がない。

そこで、その人の魂は天国・極楽に一旦帰って、すぐにもう一度母親の体内に入ることにしたのだ。

結果的に2年遅れにはなったが、人生の計画というのはこれほど、緻密に計画されているものなのである。

あなたの人生に起こっている出来事は、相当な部分で必然なのだ。

◆人間に生まれる競争倍率は高い

人間に生まれてくる競争倍率はすごく高い。

生まれてくる前のシーンを見ていくと、地球行きの列車に乗るために、膨大な魂がズラッと並んで待っている。

いつ乗れるかわからないという。

それほど地球で人間に生まれてくることを望む魂は沢山いるのである。

ちゃんと天国・極楽に行けたとしても、次にいつ人間に生まれられるのか分からないのだ。

死んだ後に地獄に行ってしまったり、この世に残って幽霊になってしまうケースが多いことを考えると、更に人間に生まれて来られる確率は下がってしまう。

せっかくそんな倍率を乗り越えて人間として地球に来ることが出来たので、全ての体験を前向きに捉えて受け取るのがお勧めである。

◆幽霊になってしまうと最終的にどうなってしまうのか

お店をやっている人がメインの問題を解消した後に、店に何かいるかを見てもらったら「薄い影が4つほどいます」というので話してみた。

聞けば、約800年前に亡くなった霊で、ずっとその場所に居るという。800年も経つので、もう半透明になっており、霊としての存在がすごく薄くなっているのがわかる。

幽霊としての影響も薄くなっているので置いておいてもよいのだが、クライアントさんの店の話なので、そのときは返したが、そのまま放置しておいたら、さらに何百年か経つと、霊としての存在自体が消えてしまうように感じた。

「消える」というのは、「帰る」のとは違う。個の魂としての存在が無くなってしまい、集合無意識的な、あるいは宇宙全体に吸収されることになるのだろう。

せっかく個の魂として宇宙に生まれて輪廻転生を繰り返すことが出来るのだから、消えるのはもったいないような気がする。

◆子供の能力を残す

あなたに子供が生まれて、その子が話せるようになったら、胎児期の事を聞いてみると良い。

結構覚えている子供が多い。

胎児期の事を覚えていたら、お母さんのおなかの中に入る前の事を聞いてみたら良い。

さらに過去世の事を聞いてみてもよい。

小さい頃は以前の事を覚えているが、この世の経験が増えるほど記憶は薄れてしまう。同じように、子供の頃は皆、スピリチュアルな能力を大なり小なり持っている。

小さい子供が、誰もいない部屋のどこかを見つめて喜んでいたり、誰かと話しながら一人で遊んでいたりする中には見えている場合も結構あるのだ。

親は、その力を怖がったり、気味悪がったり、否定してはいけない。せっかくの才能・能力なのだ、聞いてやり、認めて能力を残してやれると良い。ちなみに、大人になって見えることで困っている人の場合は第7章で触れるトレーニングを受けるのも一つの手だろう。

◆生まれてきた目的・役割を知りたい、生きたい

生まれてきた目的を知りたい、自分の役割を知りたいと探している人がいる。

孔子ほどの人が15歳から学問を志して50歳でやっと天命を知れたという例から考えると、私達普通の人間が生まれてきた目的や役割を、生きているうちに知ることが出来る確率はそんなに高くはない。

生まれてきた目的や役割はそれ自体を探して生きるものでは無い。

誰にでも共通の生まれて来た目的の一つは、生まれてくる前に決めたテーマ・課題に取り組み、解消することである。

まずは、悩みや問題にひとつずつ取り組んで解消していくと良い。そのプロセスで生まれて来た目的や役割に気づけることもある。後述するトレーニングを受けることで、生まれてきた目的や役割に気づきやすくなることはあるが、あくまで自分自身で気づきやすくなるだけで、目的や役割を教えてもらえる訳ではない。

第2章

なぜこのままではアセンションが危ういのか

スピリチュアル業界の皆さんが思っているアセンションの定義については、私達はあまり詳しくはないが、本書ではアセンションの定義を意識の次元が上昇することとし、アセンション後の意識のレベルは5～6次元に上昇すると仮定している。

意識の次元が上昇するとは、意識の周波数がより細かくなり、それによって私達は今まで見えなかった、コンタクトが取れなかった者が見えたりコンタクトが取れるようになる。

アセンションの中身が、見えなかった者が見えたり、コンタクトが取れなかった者とコンタクトが取れるようになることにとどまるのか、私達人類の意識がどう変わるのか、その時には肉体がどうなるのかなど、アセンションの結果、来るであろう新しい文明や新しい世界については、あまりにも不確定のことが多いので、本書では触れない。

これは、現在の人類のレベルである3次元は、「時間が一方向に流れる次元」であり、未来については全てが未確定であるためである。

同時に、宇宙の法則として、時間が一方向に流れる現在の3次元の地球に存在する人類に対しては、「未来は教えてはいけない」ことになっており（これを破っている目に見えない存在達も多く存在するが）私達自身も未来については詳しい情報は持っていないからである。

本書の題にも関係しているが、今のままではアセンションは危うい。

アセンションに興味のある人達は、そろそろアセンションが起こる（あるいはすでに起こり

周波数を高めると見えてくる

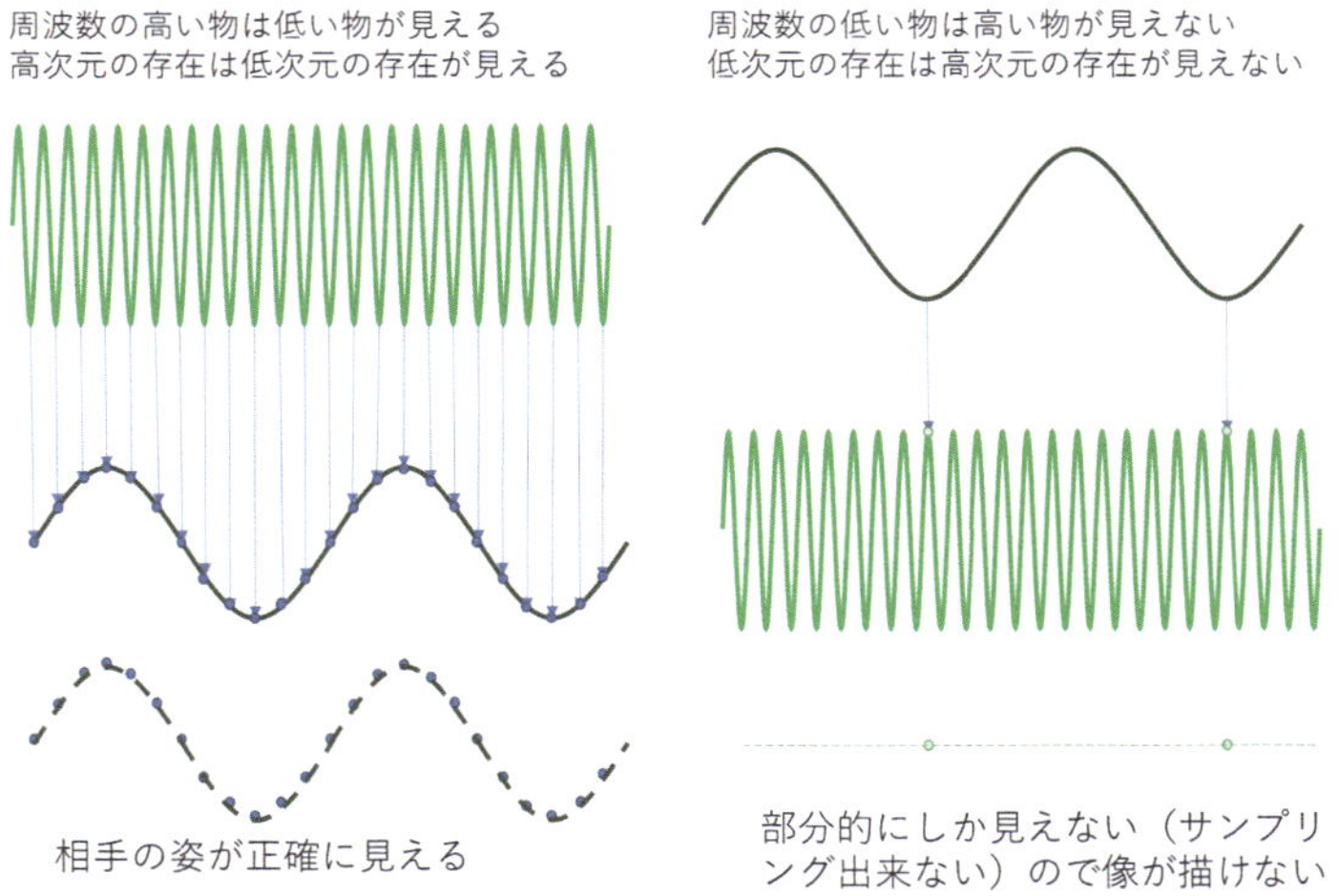
周波数の高い物は低い物が見える
高次元の存在は低次元の存在が見える
周波数の低い物は高い物が見えない
低次元の存在は高次元の存在が見えない
相手の姿が正確に見える
部分的にしか見えない（サンプリング出来ない）ので像が描けない

物理学的には、周波数が高いと細かく見ることも粗く見ることもできるが、周波数が低いと粗くしか見ることができない。ゆえに、3次元の私達が感知できる周波数（この場合は可視光領域）では4次元の霊や5次元の天使や悪魔、6次元の宇宙人や妖怪は目に見えない存在となる。

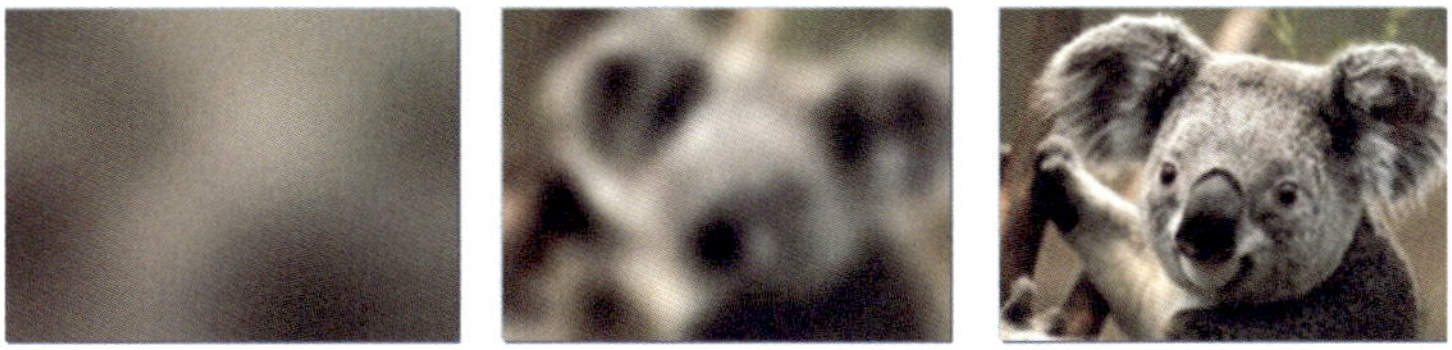

周波数を高めると、解像度が高まる。
解像度が高まると、事実を正しく確認できる。

生成する宇宙

今この瞬間にも新たな宇宙が分岐して生まれている

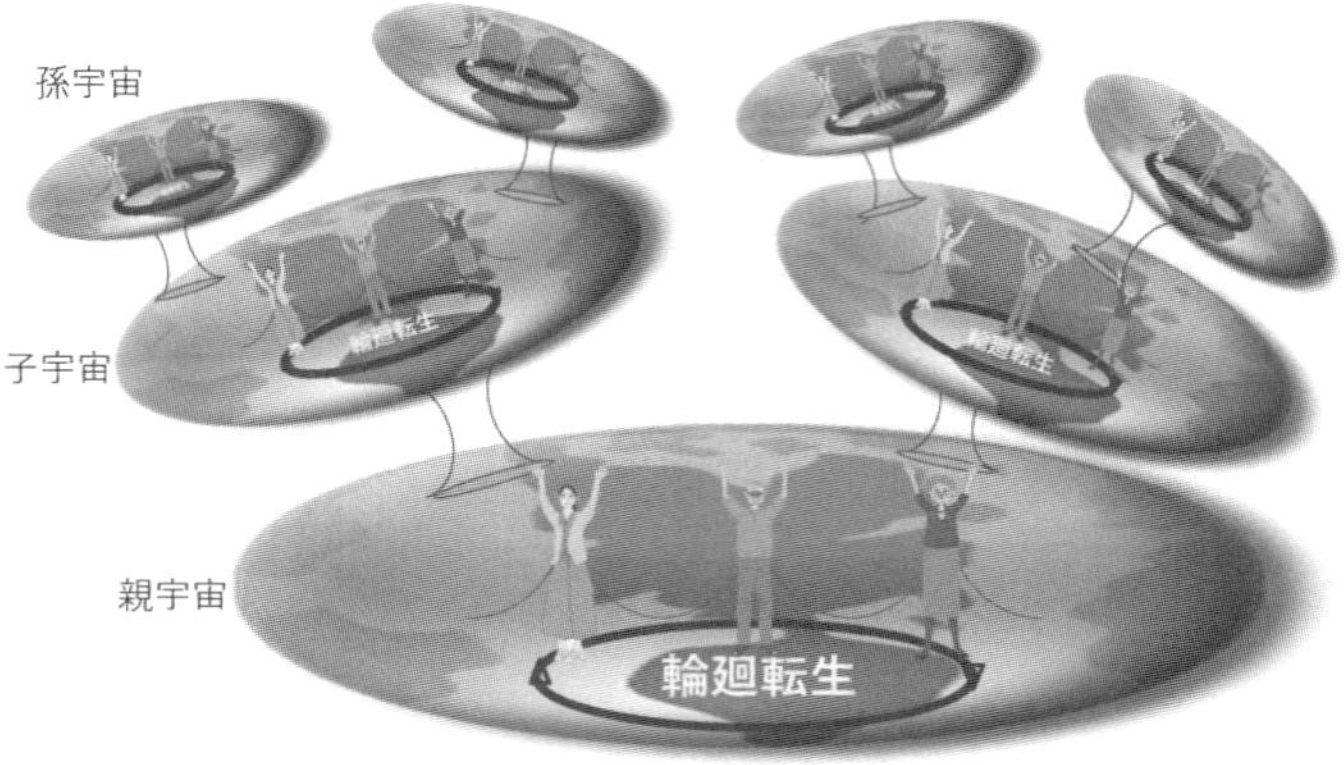

ヒュー・エベレットの多世界解釈

量子物理学の多世界解釈によると宇宙は一つではなく無限に存在しているので、未来は、その時に、その人が、どの宇宙を選択するのかによって決まる。だから未来を正確に予言することはできないことになる。

ブレーン宇宙

我々の世界は膜構造をしている多くの宇宙の中のひとつである

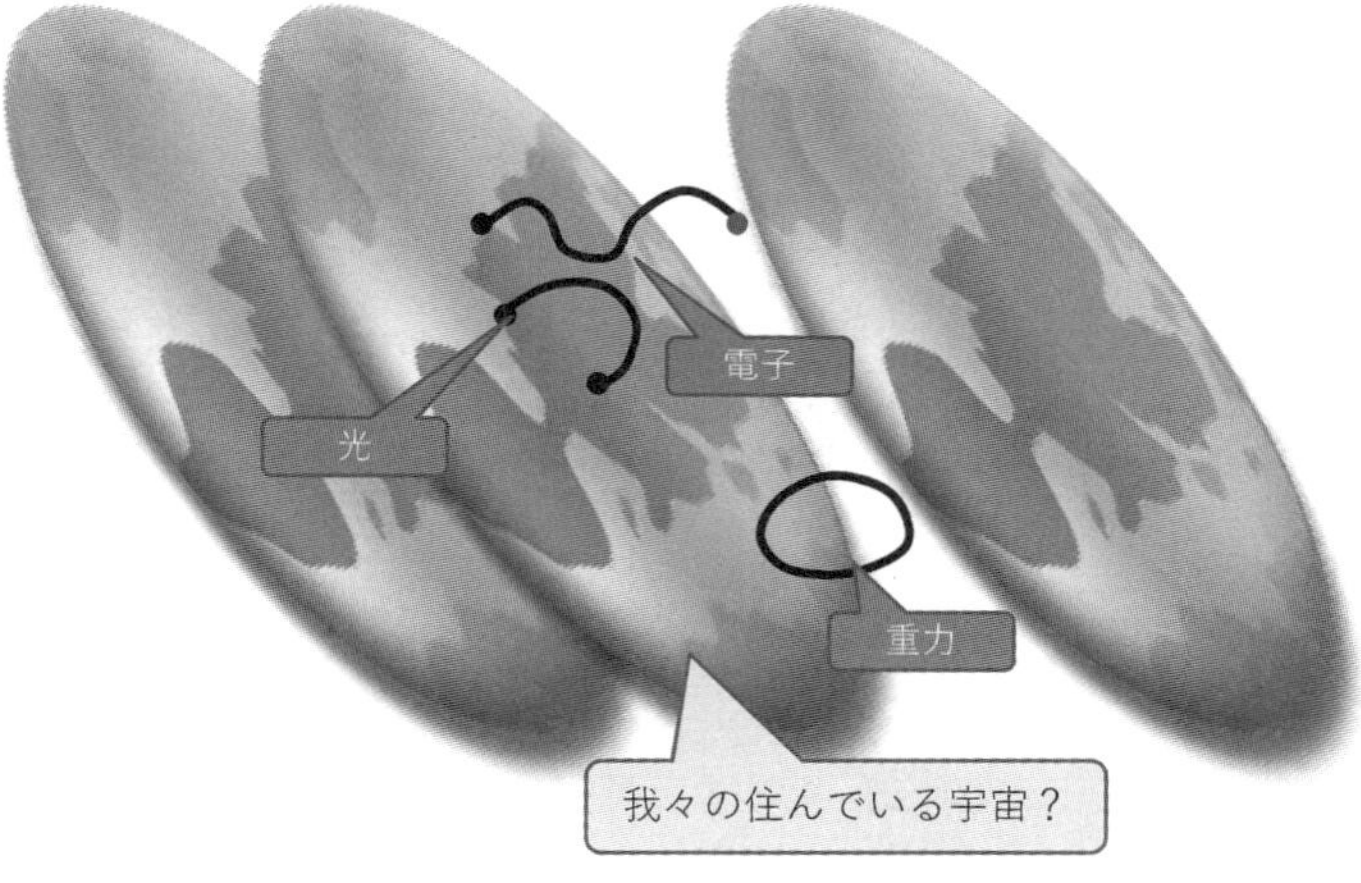

始めている）のではないかと思っている人も多いと思うが、**今のままでは**アセンションまでに１００年かかってしまう。

１００年かかるとすれば、今アセンションを目指している人で、アセンションを迎えられる人は誰もいないことになる。

もしあなたがアセンション・新しい文明への移行を目指すのであれば、今までのアプローチを変えていかなければならないのである。

アセンションによって人類の意識が５～６次元に上がるとしたら、それまでに、今の私達人類が持っている常識・価値観・考え方は全て根本から変わることを求められる。

本書では、

- **何を変える必要があるのか**
- **なぜ変える必要があるのか**
- **変わるためには何をすべきなのか**

を説明する。

本書で触れる内容の多くは、過去に地球上に存在したあらゆる文明において実現できなかったことであり、読者の方が今までの知識や経験をもとに考えると、理解し難い内容も沢山あるだろう。

だが、新しい文明＝アセンション後の世界に移行していくことを望む人にとっては、何を意識していけばよいのか、何を行動していけばよいかの一つの指針となる。

実は、私達自身は、アセンションについてはある程度の知識はあったが、いろいろな活動をしてきた中で、アセンションを目的としたり、アセンションに関わると考えた活動をしてきた訳ではない。

実際のところ、いくつかの理由で、ここ10年以上はアセンションには興味がなかったと言ったほうが正しい。

ところが、本書を執筆することになってから、どうすれば皆さんに宇宙や人生や意識の真実を伝えられるか、今のスピリチュアルや目に見えない存在達や宇宙との関わりの何が問題なのかを、どう伝えていけば良いのか考えて行く中で、アセンションという切り口で伝えていくことで、全ての繋がりがうまく説明できることに気づいた。

本書では新しい文明への移行・アセンションという切り口で、私達人類が何を変えていかなければならないのか、何に取り組んでいけば良いのかをできるだけわかりやすく伝えていく。

まず、変えていく・取り組んでいく必要のある要素を3つに分けてお伝えしよう。

◆変えていく・取り組んでいくために必要な3つの要素

① 崇《あが》めるのをやめる
② 心の重荷を解消する
③ 本来繋がるべきところと繋がる

この3つの要素は、過去に存在した文明において、実現することが難しかっただけでなく、考えることもなかった内容を含んでおり、現在の文明に生きている私達人類が持っている価値観や考え方とは根本的に違うものもあるが、アセンションを実現するという面ではどうしても変えていかなければならない、取り組んでいかなければならない項目である。

そして、もしあなたがアセンション・新しい文明への移行を望むのであれば、先ずあなた自身が取り組んでいかなければならない要素である。

今回本書でこの3要素を提示することで、本当にアセンションを望む人にとっては、「真のアセンション」への道が少しだけ見えてくることになる。

しかし、なんらかの宗教やスピリチュアルなど「信じているものがある人」、「今の世界に満足している人」、また、「今の世界の価値観＝お金儲けや地位や名誉を求めている人」にはこの内容は役には立たないだろう。

まず、アセンション・新しい文明への移行に向けて、変える必要のある・取り組む必要のある3つの要素について簡単に説明しておく。

1.「崇めるのをやめる」

人類は地球上に存在し始めて以来、超自然的なもの、目に見えない存在達に祈りを捧げ、願いを叶えてもらおうとしつづけてきた。

それは神や仏を名乗る存在、神や仏の使いを名乗る存在、宇宙人、天使、精霊、先祖の霊、それ以外にも色々な名前の数多くの目に見えない存在達、そして場合によっては悪魔や魔物や妖怪などでさえも己の目的を達成するためには力を借りようとしてきた。

人類は地球上に存在し始めて以来、これら目に見えない存在達を、人間を超えた存在としてあがめてきたのである。

アセンションの結果、人間が5次元6次元の存在になるとしたら、今まで人類があがめてきた神や仏を名乗る存在達、宇宙人や妖怪、天使や悪魔などと同等、またはそれらを超える次元の存在となることになる。

ここが非常に重要なところである。

2023年のWBC（ワールドベースボールクラシック）で、アメリカとの決勝戦前に大谷選手がチームのみんなに語った**「あこがれるのはやめましょう。超えるために来た」**という名言がある。

もしあなたがアセンション・新しい文明への移行を迎えたいと真剣に望むのであれば、大谷選手の言葉をそのまま自分へのメッセージとして受け取る必要がある。

「あがめる（崇める）のはやめましょう、同等かそれ以上の次元に上がるためには」である。

同等またはそれ以上の次元にアセンションを望む一人一人が、宇宙人や目に見えない存在達への憧れや依存を断ち切る必要があるのだ。

これについては、第3章、第4章で詳しく触れることにする。

2．「心の重荷を解消する」

アセンション・新しい文明への移行をスムーズに進めるために、またはアセンションにふさわしい自分になるためには、現在の3次元の肉体のメンテナンスをメインに考えるのではなく、心や精神のメンテナンスをメインに考えていくという価値観の移行が必要となる。

地球上に人類が存在し始めて以来、今を生きる私達が知っている範囲だけでも、人間は厳しい生存環境と病気や怪我に加えて延々と争いや戦争を続けて来たので、老衰で安らかな死を迎えた経験は非常に少なかったと考えられる。

という事は、私達人類は、ほとんど全ての人が、過去世において戦争や争い、飢えや、病気、怪我、など何度も何度も大変な死に方をして来たことになる。

また、生きている間には更に色々な苦しみを経験してきた。

それら全ての膨大なトラウマやダメージが、今回の人生のものは顕在意識や潜在意識に、過去の輪廻転生のものは無意識に蓄積している。

それはさらに、人類の集合無意識に膨大なトラウマやダメージが蓄積しているとも言えるのである。

もしあなたがアセンション・新しい文明への移行を望むのであれば、あなた自身の顕在意識・潜在意識・無意識に多くのトラウマやダメージという低い周波数のエネルギーを抱えたままで次元の上昇を望むのが難しいことは何となく理解できるのではないだろうか。

同じ理由で、集合無意識に膨大なトラウマやダメージを抱えている現在の人類はこのままでは人類全体としてアセンションを迎える事は難しいことになる。

現在に至る文明においては、宗教や心理学、精神科や心療内科・セラピーやヒーリングなど

トラウマとは過去の波に共鳴すること

宇宙空間に流れている波が自分の波と共鳴することで、過去の出来事がいま存在するように感じる。これがトラウマである。

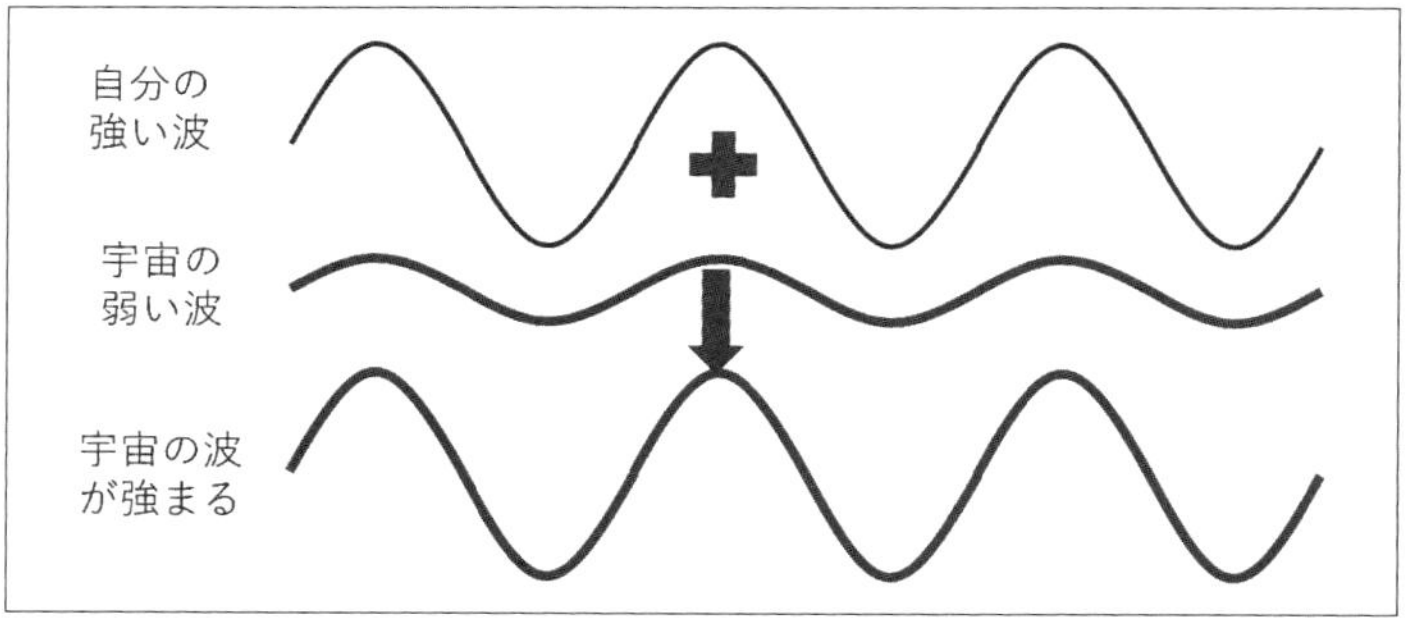

物理学的には、脳の中で電気信号として発生した意識は頭蓋骨を通して外部に宇宙全体に電磁波として放射される。一度放射された電磁波は消えることなく広がっていく。その電磁波に共鳴することで、記憶として取り出すことができる。
逆に共鳴したくないのに共鳴してしまうのがトラウマやダメージである。生まれ変わっても自分の周波数は変わらないため、過去に放射した電磁波と共鳴してしまうため、トラウマやダメージが残ると説明できる。

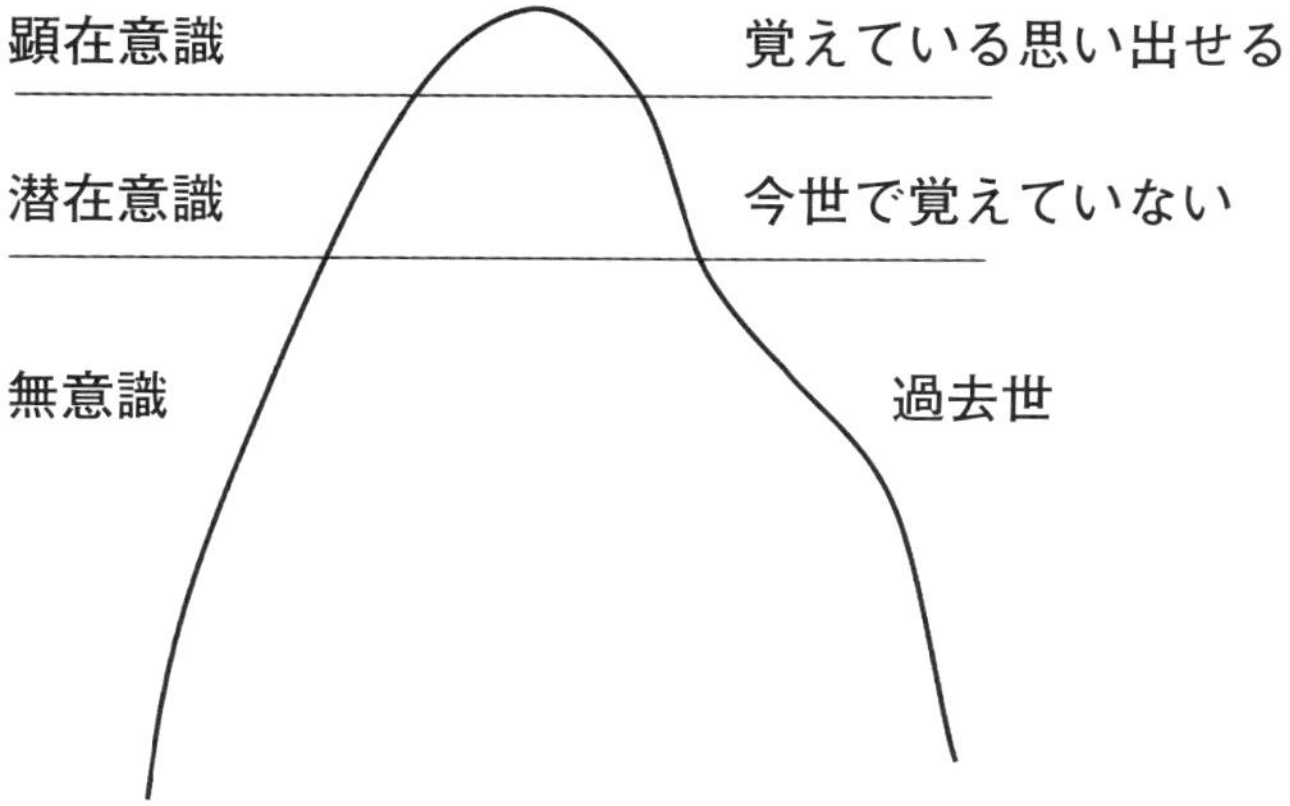

意識の図（再掲）

がトラウマやダメージの解消を担ってきたが、残念ながら現在までのあらゆる理論や方法論において、各人の今回の人生及び過去の輪廻転生におけるトラウマやダメージが根本的に解消される事はなかった。

それは、トラウマやダメージの解消には、原因となった出来事そのものを必要に応じて過去世まで遡って解消することが必要であったり、また顕在意識や潜在意識・無意識に残っているダメージ全てを解消する必要があるためである。

そのためのメソッドと高次元のエネルギーを使える人間が出現するまでは、トラウマやダメージの根本的な解消は不可能だったのだ。

心の重荷を解消する＝トラウマやダメージを解消する、については、第5章で詳しく触れることにする。

3.「本来繋がるべきところと繋がる」

1つ目の要素で触れたように、今までの人類は目に見えない存在達をあがめて繋がりを求めてきたのだが、今まで繋がりを求めてきた存在達と同等またはそれ以上の次元にアセンションするとすれば、今まであがめていた目に見えない存在を今後もあがめて繋がりを求めていくことはなくなる。

精神と物質の間を揺れ動く文明の進化

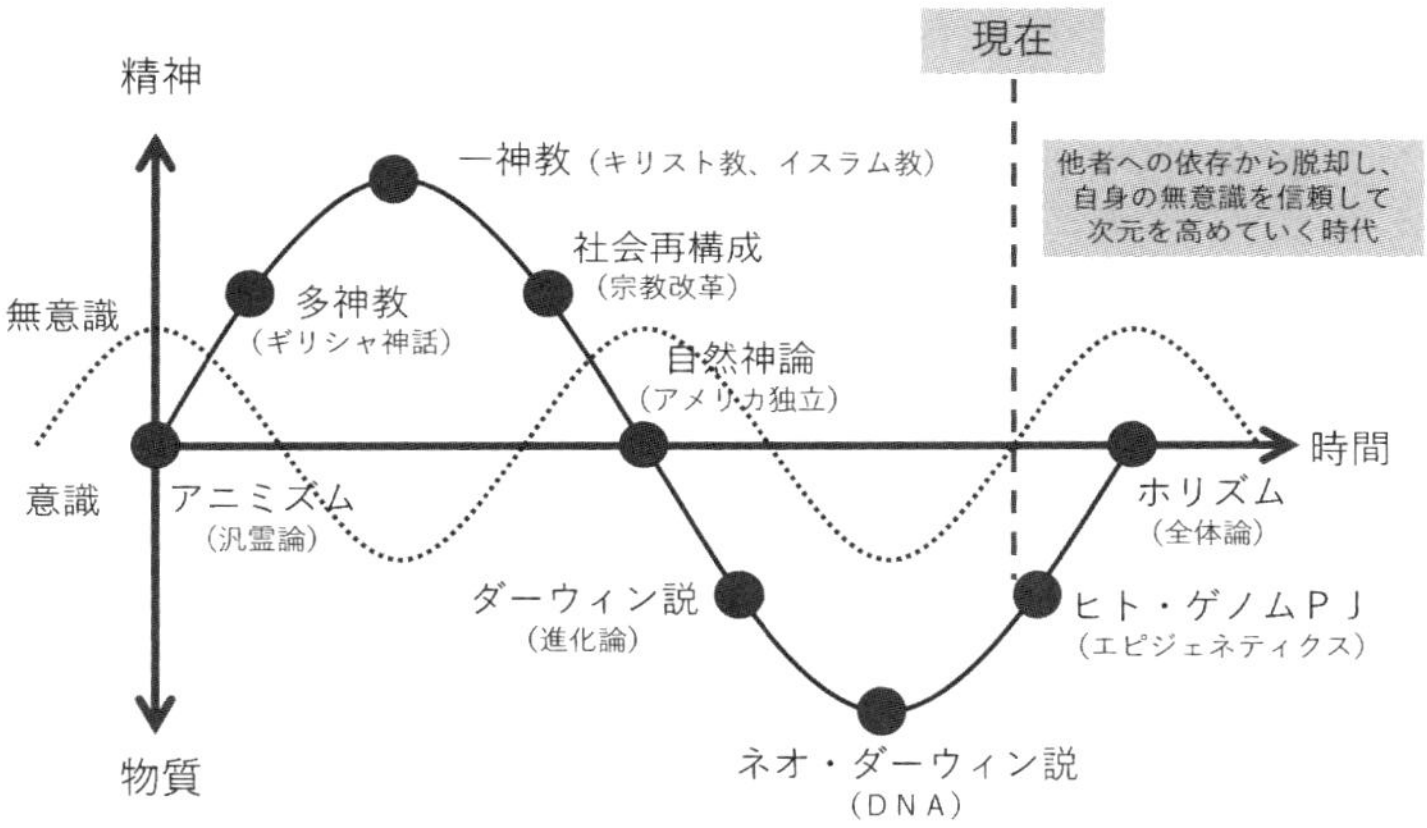

ブルース・リプトン、スティーブ・ベヘアーマン著「思考のパワー」より

アセンションを望むのであれば、私達人類は必然的に今までとは違う存在との繋がりを持つことが必要になる。

今までの文明は「体主霊従」と表現される価値観で成立してきた。

人間や自分自身の本体は「肉体」である、目に見える物質が基本であるという考え方である。

アセンションで何が変わっていくかを考えると、意識の次元が上昇するということは、肉体という物質ではなく、意識や精神、魂を重視していくように変わっていく必要があるということになる。

「魂主体従」と表現できる価値観に変わっていく必要があるとも言える。

今までよりはるかに意識・精神・心・魂を重視していくことになるのであれば、その意識・

心・精神・魂が繫がりを求める存在が「本来繫がるべきところ」となる。
「本来繫がるべきところ」というのは、今まで文明の概念にはない対象である。
詳しくは第6章で触れることにする。

◆～新しい文明への移行・アセンションのプロローグ～

新しい文明への移行・アセンションに向けて、人類に必要な意識改革を、肉体と精神の関係から触れてみよう。

産業革命以降、物質、目に見えるもの、科学的に証明できるもので価値をはかる傾向がどんどん顕著になってきた。

人間に関しても、肉体・ボディがより重要視されるようになった。

それより以前の世界では、魂の存在や心や精神については、今よりも少しだけ身近なものであったと思われるが、特にこの200年ぐらいは、肉体・ボディこそ人間であるという意識が強い。

そういう意味で、今は「体主霊従」が極まった時代である。

体が主で、意識・精神・心・魂と呼ばれるものは従であり、場合によってはそれを認めないような感じすらある。

医学の世界を見れば分かりやすいが、医師の世界では外科が一番位が高く、一番低く見られているのが心療内科だ。

デカルト以来、科学やビジネスの世界では、数字（効率）であらわせないものは、「無い」ものとみなされ、顕微鏡の発明に代表される科学の進歩によって、「目に見えるもの・数字で表せるものこそが正しい」という思い込みが非常に強くなってきた。

目に見えないものを「無い」とするほうが楽なのだ。

目に見えないものを「ある」としたら、考え、感じようとする努力が必要になる。目に見えているものだけなら、考えなくて済むのである。

しかし、実は私達は、自分自身は肉体ではなく、意識・精神・心・魂であるということを無意識に知っているのではないだろうか。

講演やセミナーの際に良く皆さんに問いかけるのだが、「私」をゼスチャーで示してくださいというと、多くの方が胸の辺りを指さしたり、胸の辺りに手を当てる。

脳に意識があって、そこが自分だと思っていたら、「私」を示すときに頭を指さすはずだが、多くの人は、ボディの真ん中、心臓あたりを指す。

それは鼓動している心臓を「私」だと思っているという事ではなく、無意識に胸のあたりを

「私」だと思っているのである。

俗に言う「魂」が胸のあたりにあるので、そこが自分自身であることを私達はどこかで知っているのだ。

物理学的には、胸のあたりに宇宙の電磁波のアンテナがある可能性もあるし、意識を集中するとサードアイの辺りに圧力を感じたりするので、松果体に宇宙の電磁波のアンテナがある可能性もある。

私達が無意識に分かっていることを明確に意識するようになっていくのが、意識・精神・心・魂こそが「私」なのだという「魂主体従」への意識の変化の始まりと言えよう。

ちなみに、死んだ後何十秒か後に体重が0・0何グラムか減ると測定した科学者がいる。それを読んだとき、エネルギーとしての魂が抜けていくからだろうなと思ったのを覚えている。

物理学的には、エネルギーと質量はアインシュタインの式E＝ｍｃ2の関係がある。エネルギーがなくなることで、体重が減る可能性がある。

アセンションに向かう中で、科学的にも魂の存在などが明らかになってくると面白い。

本書の作成中に編集者の方と話していると、最近、スピリチュアル本でも、「ハートに効く」

「ハートに戻る」という表題の本が出てきているという。

多くの人が自身のハート＝魂・心・意識に注意を向けていき、アセンションに向けてのプロセスの中で、意識・精神・心・魂の変化を実感できるようになっていくと良いのだが。

◆体主霊従から魂主体従へ

魂主体従と体主霊従の違いについてもう少し詳しく触れてみよう。

体主霊従である今までの文明においては、肉体を生んでくれた両親、その両親の肉体を生んでくれた祖父母、さらにその曾祖父母ということで、先祖を重視する価値観がある。

同様に、親戚や一族を重視するのも肉体の繋がりである。

「肉親」や「身内」という言葉が示すように、「肉体」や「身体」の関係性がメインになっているのである。

私達の人生における重要な関係性について考えてみると、両親とは非常に密な関係を持つので、魂主体従で重視する心・意識・魂の側面から見ても、大きく影響し合う関係であり、両親との関係は魂主体従の価値観においても重要となる。

同じように、接する時間の多い兄弟姉妹や密に接する祖父母や親戚などが居る場合も、心・

意識・魂の面からみて、その関係性は大きく影響する。

これはあくまで、その関係性がその人の心・意識・魂に大きな影響を与えるという意味で重要なのであって、肉体の繋がりがあるから重要であるという意味ではない。

そういう視点から見ると、肉体の繋がりを持たない友人や先生や仕事仲間なども、その人の心・意識・魂への影響という視点から見ると、あまり接することのない身内よりもはるかに重要な関係性を持っていることになる。

その人の「人生の体験」に影響を及ぼすという観点からも、肉体の繋がりに関係なく、「体験を提供してくれる人」というのはその人の心・意識・魂への影響を与えることになる。

実際、曾祖父母になると接する機会があまり無い人も多いし、更に前の世代の先祖となると接することのなかった先祖達が延々といる。

心・意識・魂の観点から見ると、先祖といえどもその人には全く影響がないことになる。実際に接した人以外に私達が影響を受けることは、基本的には無い。

ちなみに「基本的には」と書いたのは、先祖の中には天国・極楽に行けずこの世に残ってしまっていて、その人や家族に良くない体験を引き起こしているケースが結構あるからだ。

こういうケースでは、会ったこともない先祖ではあるが、その人の人生によくない体験を引き起こすことで影響を与えていることになる。

もしあなたや家族に、先祖なり、先祖に関わりのある霊が憑いている場合にはきちんと取っておいた方が良いだろう。誰かがそれを守護霊だと言ったとしてもだ。

この世に残ってしまった霊は先祖であろうが誰であろうが、「幽霊」以外の何物でもない。幽霊に憑いてもらっても良いことは何一つない。

肉体を中心に考えると、先祖代々続いてきた自分のボディに繋がる系譜は重要だが、心・意識・魂の観点から考えていくと、自分とリアルな接点のなかった先祖は単にボディの供給元の繋がりに過ぎないことになる。

私達は肉体のことを、「今回の人生での着ぐるみ」と呼んでいる。

輪廻転生をしていく中で、本体である魂は継続するが、肉体という着ぐるみは毎回違う物を着ることになる。

魂主体従の観点では、祖先という着ぐるみの供給元をそんなにありがたがる必要はなくなるのである。

今後アセンションに向けて魂主体従へと人類の意識が変わっていくと、先祖をありがたがる意識が減っていき、心、意識、魂の観点から本来繋がるべきところを重視するように変わっていくことになる。

◆縄文に戻ればアセンションに近づくのか？　どんな時代だったのか？

編集者の方によると最近スピリチュアル業界では「縄文」がキーワードだと言われているそうだ。

「縄文に戻れ」という言い方をされるが、なぜ縄文なのか、そして縄文に戻ることはアセンション・新しい文明への移行に近づくことになるのかについて触れてみよう。

縄文に戻るというフレーズに関して、東北大震災の後、当時文化庁長官だった河合隼雄さんが、日経新聞に書いていたコラムを覚えている。

東北大震災後に河合さんが周りの色々な方と話している中で、「今までの文明・価値観あるいは人間の意識が変わっていく必要がある」という面ではみな一致しているが、では「モデルとなる時期・時代はいつなのか」については大きく分けると3つの意見に集約されるとのことだった。

1つ目は、第2次大戦前の昭和初期に戻るべきだという意見

2つ目は、サステナブルな循環社会だった江戸時代に戻るべきだという意見

3つ目は、縄文に戻るべきだという意見

である。という内容であった。

３つともそれなりに主張する人達の想いは分かるが、昭和初期は全体主義から戦争へ向かうし、江戸時代も苛烈な身分制度の中で多くの人は苦しんでいたし、一番ましなのは縄文のようではあるが、それでも縄文は滅ばなければならなかったのに変わりはない。

狩猟採集民族であった縄文人は、農耕が主体となった弥生人に比べて平和に暮らしていた。それは、農業が「保有財産」を生み出し、その取り合いが争いや戦争を引き起こすことになったからである。

縄文時代については、私自身が今回の人生で触れる機会が多かったので、皆さんの参考になると思うので、本書の内容に即して少し体験を書いてみよう。

私は、過去世で１万２０００年位前の前期縄文と呼ばれる時代に、奈良の山添村のあたりにあった国にいた。

そこは卑弥呼のモデルの一人となった非常に優れた巫女が神官の協力を得て治めていた国であった。

若手の神官だった私は、若手の巫女と共に、当時繋がっていた神（を名乗る存在）からのお告げに従い、山添村の国から分裂して、四国の足摺岬で新しく国をつくった。

今回の人生では当時一緒に国をつくった巫女と再会し、足摺の国に居たことのある人達と何十人か縁が出来て、足摺ツアーを企画して一緒に行ったり、今も高知県に住んでいる人達と繋がったりして、縄文時代を非常にディープに追体験する機会があった。

これら多くの縄文時代の追体験をもってして、縄文に戻れば今後の世界がアセンションにうまく向かっていくことは無いと言い切れる。

歴史というか時代はスパイラルに進んでいくので、今後、縄文の価値観に近い文明が出現する可能性もあるが、それは縄文に戻ることではない。

確かに前期縄文の文明は、今の文明よりは魂主体従に近く、自然や霊や神々（と呼んでいた存在）との繋がりを重視していたし、それらの存在達との繋がりも強かった。

巫女や神官は今よりはるかに強く目に見えない存在達との繋がりを持っていた。

物理学的には、現在は視覚と聴覚から入る情報量が多すぎるため、嗅覚や触覚が昔の人達より鈍ってきている。それ以上に五感以外の感覚は、さらに衰えているため、霊や宇宙人や妖怪のようなものを見ること、感じることができなくなっていると言えよう。

しかし、縄文は弥生時代への移行プロセスで滅んでいる。

土器や遺跡はあるが、文字を持たなかった（ということになっている）ので、特に縄文前期の文明の詳細であったり、巨石を扱う技術などは全く分かっていない。

縄文の終焉と渡来系氏族の関係については本書の中ではスペースの関係で触れないが、いずれにしても縄文が滅んだということは、縄文の文明には限界があり、滅ぶべくして滅んだということだ。

アセンションに向かうための観点から見た縄文の問題点は、縄文時代のそれぞれの巫女や神官が繋がっていた神（と名乗る存在）自体である。

詳しくは第４章で触れるが、それゆえに縄文に戻ることはアセンションに向かう・新しい文明へと進むことにはならない。

１万年以上も平和な時代が続いたと言われる縄文は、今の文明に比べると相当ましではあり、取り入れていくべき要素は沢山あるが。

縄文時代のエピソードを幾つか触れておくので、これを読んでいただくと、縄文時代の凄さを少し理解してもらえるだろう。

◆巨石建造物と神々（を名乗る存在達）

縄文前期の巫女や神官が「神々」と呼んでいた者たちとコンタクトを取って出来たことのおもしろい例が巨石構造物である。

例えば、縄文前期に山添村にあった国は私達が出て行った後、次の巫女の代になって明日香へと移動したので、今も明日香村にはいろんな石の構造物が残っている。

その中に、有名な酒船石（さかふねいし）というのがある。道路から20メートルぐらい上っていった小高い丘の上にある。

石の重さから計算すると現在の技術でも丘の上まで持ち上げることは不可能と言われている。

このような現代技術をもってしても不可能と言われる巨石構造物が日本中あちこちにある。

代表的なのは磐座（いわくら）と呼ばれている、神と繋がる場所の象徴である巨石や、ご神体として祀られている巨石などである。

私が縄文時代に居て、今回の人生でも何度も行った足摺にも巨石群があって、山の中腹に直径10～30メートルの巨石が20個ぐらい積み重なっている。

地元の人が大学教授に調査してもらったら、石の磁北がバラバラなので、元からそこにあったものではないことは分かっているという。

下の少し平坦なところからは30メートル以上登った所にあるので、持ち上げることは不可能だし、山の斜面からは随分せり出しているので上から落ちて来たとも考えられない。

そんな場所に結構角のとれた石が積み上がっているのである。

その巨石群に行ったときに、どうやったらこれを作れるかを考えてみたことがある。

色々な可能性を考えてみたが、どうしても空中から落とすしかないと思ったので、縄文時代の巫女に聞いてみたら「その通りだ、空中を飛ばして持ってきて上空から落とした」という。

人間にそんなことができる訳がない。

縄文時代に「神」と呼んでいた存在達の力を借りて、当時の神官が石を飛ばして持ってきて作ったのだ。

今の神官や巫女では、そこまで「神」の力を借りることはできない。

今それができる人がいたら、すごいことだが。

良いかどうかは別として、縄文時代の、「神」と呼ばれる存在達との結びつきの強さというか、その力を借りるだけの密なコンタクトがとれていたことの象徴である。

余談だが、その積み上げてある巨石から4～5キロ離れた海岸に、日本とは思えないような断崖絶壁のすばらしい絶景の神社がある。

その海岸に下っていくと周囲の直線的な崖の岩場の間に、どう見ても巨石群にあるのと同じ、角のとれた丸い大きな石が1個だけはまっている。

何度目かにその場所を尋ねた時に気づいて巫女に聞いてみると、縄文時代に石を飛ばして持って来た時に、一人の神官が、あと数キロだったのに集中力が足りなくて、そこで落としてしまったそうだ。

周りの断崖とは全く異質な石がそこにあるので、気づくととても不思議なのだが、由来を知ると面白いものだ。

第3章

宇宙と目に見えない存在たちを次元の視点で解き明かす

◆アセンション後の次元を含めて、目に見えない存在達について知っておこう

アセンション・新しい文明への移行を迎えるために、私達人類にとってどうしても超える必要がある「目に見えない存在達とどう付き合っていくべきか」について触れておこう。

ここで言う目に見えない存在達とは、今の人類がある程度知っている・名前を付けている存在達から、人類が想像もしたことのないレベルの存在まで膨大な存在達を指す。

本書では目に見えない存在達との人類の今までの関わりと、アセンションに向けて必要となる、「目に見えない存在達との新しい関わり方」を伝えていくが、それぞれの目に見えない存在達の「分類」や「レベル」、そして宇宙全体におけるそれぞれの「位置付け」を知っておくことが、アセンション・新しい文明への移行を目指す人にとっては非常に重要になる。

ちなみに、本書で言う「次元」とは、この世界を3次元として、より高い周波数の世界を高い次元として説明している。

この世が3次元で、天国・極楽が4次元、天使や悪魔は5次元、宇宙人は6次元という具合に、周波数によって次元を区切って説明している。

次元は周波数ゆえに、小数点以下の桁数でも表すことが出来るのだが、本書では単純化して、

基本的には1次元単位で説明する。

また、量子力学ではこの宇宙は11次元まであると数学的に説明されているが、物理学で言われている次元の定義と、本書で使う次元の定義とは違うので、ご了承願いたい。

◆3次元と3次元代の存在

人間や動植物など、地球上の全てのものが所属しているこの世は、３次元（で表される周波数）である。

私達人類は可視光線を目で見て物体を認識しているので、可視光線以外の領域の存在は「目に見えない存在」ということになる。


私達人類にとっては目に見える物質が３次元の存在であり、可視光領域以上の周波数を持っている存在（意識を持っている存在）は居ないことになっている。

皆さんが知っている妖精や精霊、テレビで時々話題になるちっちゃいおじさんなどは、３次元代の存在であるが、可視光領域の存在ではないので普通の人は見ることが出来ない。

テレビなどで「ちっちゃいおじさんが見えた」と話している芸能人が時々いる。

光は電磁波

人間は電磁波の１オクターブ分しか見えない

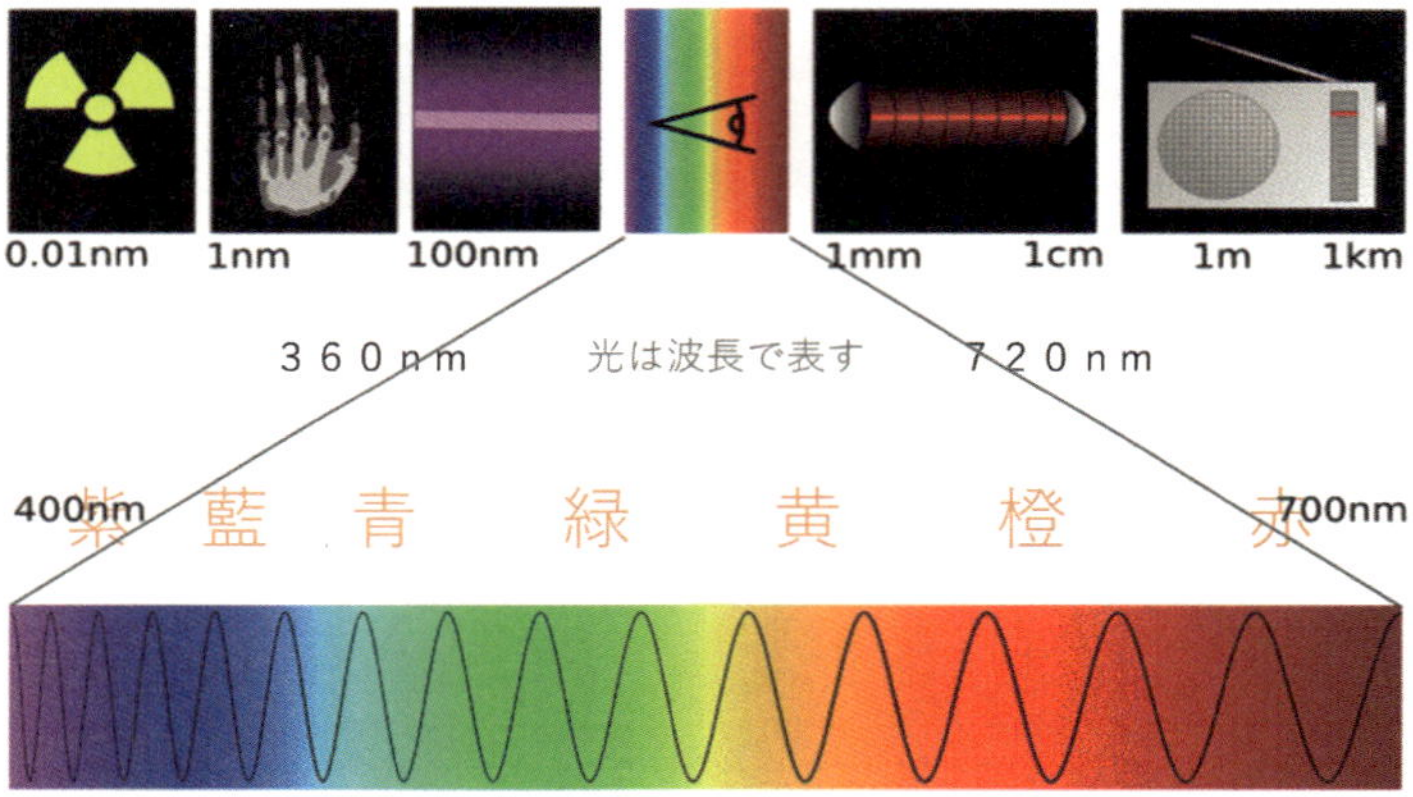

ｎｍ＝１０億分の１ｍ

特殊相対論でも「見えない世界」が存在する（再掲）

物体の速度が光速に近付くと質量は無限大になる
光速を超えると質量は虚数（i）になり、見えない世界に入る

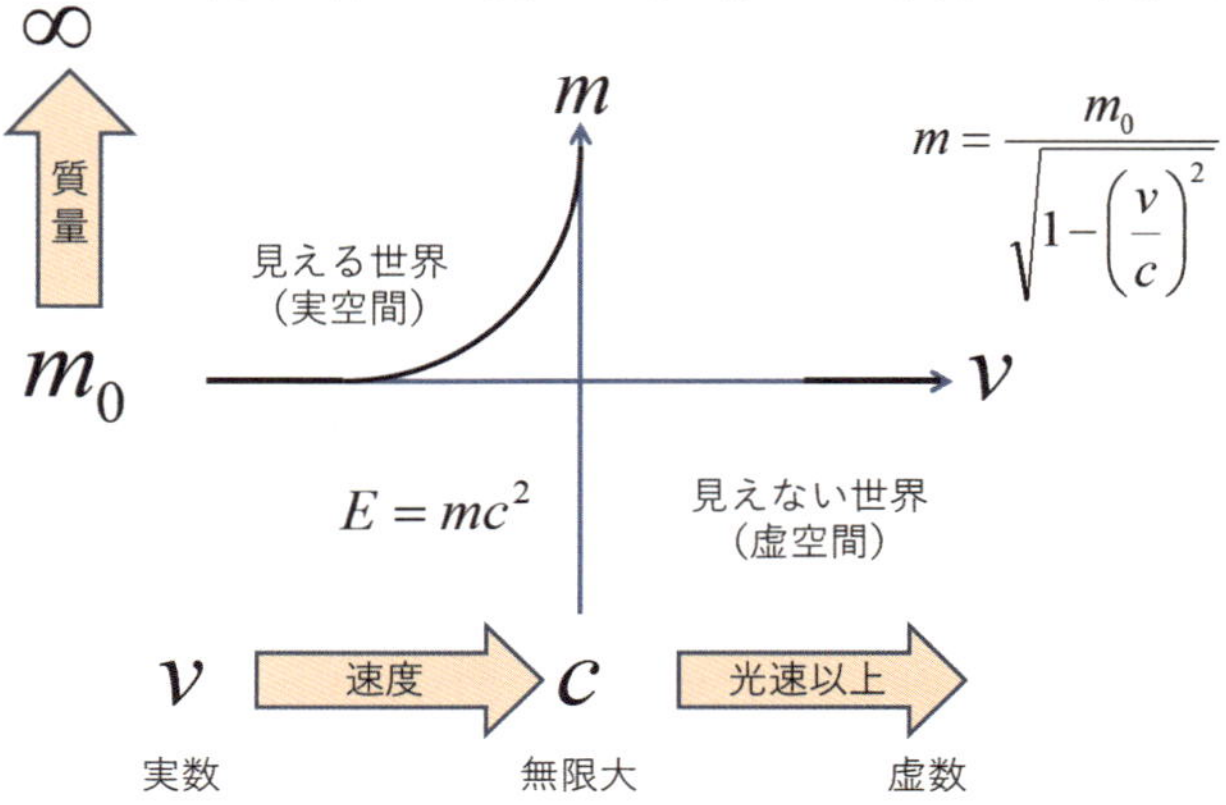

サンプリングとは（再掲）

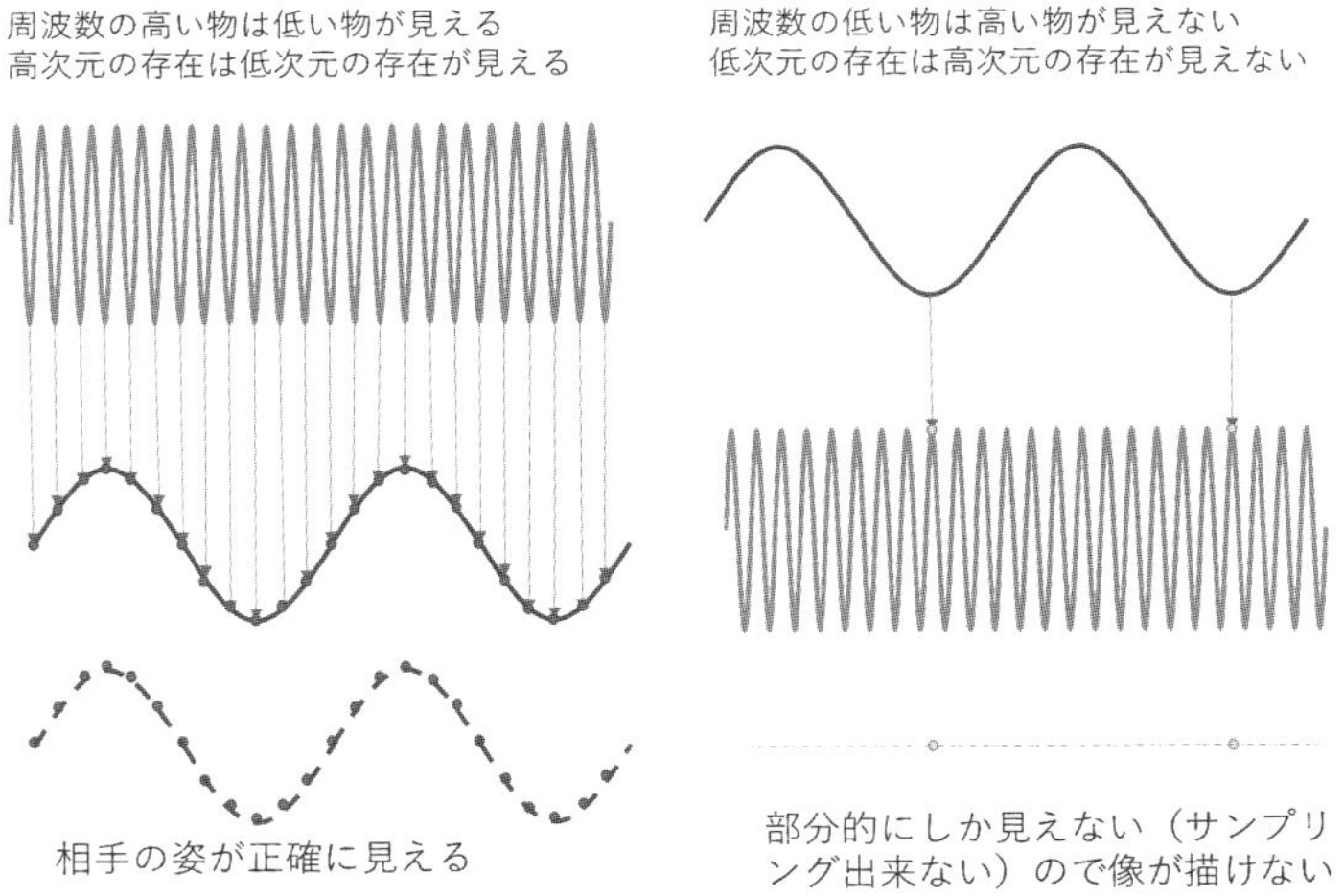
周波数の高い物は低い物が見える
高次元の存在は低次元の存在が見える
周波数の低い物は高い物が見えない
低次元の存在は高次元の存在が見えない
相手の姿が正確に見える
部分的にしか見えない（サンプリング出来ない）ので像が描けない

本来、上と繋がって、歌や踊りなどを通じて人々にエネルギーを与えるのが芸能なので、芸能の世界にいる人は、普通の人より少しだけ見える人が多い。

ちっちゃいおじさんや精霊などは人間よりほんの少し周波数が高いだけの存在なので、見える人は結構いる。

●物理学の話：次元と周波数

周波数の高い人は、低い周波数が見える。低い周波数の人が高い周波数を見ると、限られたポイントでしかサンプリングできないので、その姿が（はっきり）見えない。物事が正しく見えないから、危ない存在にだまされてしまうことになる。

「次元」とは何か？

3次元の空間に住んでいる我々が4次元をイメージできるのか

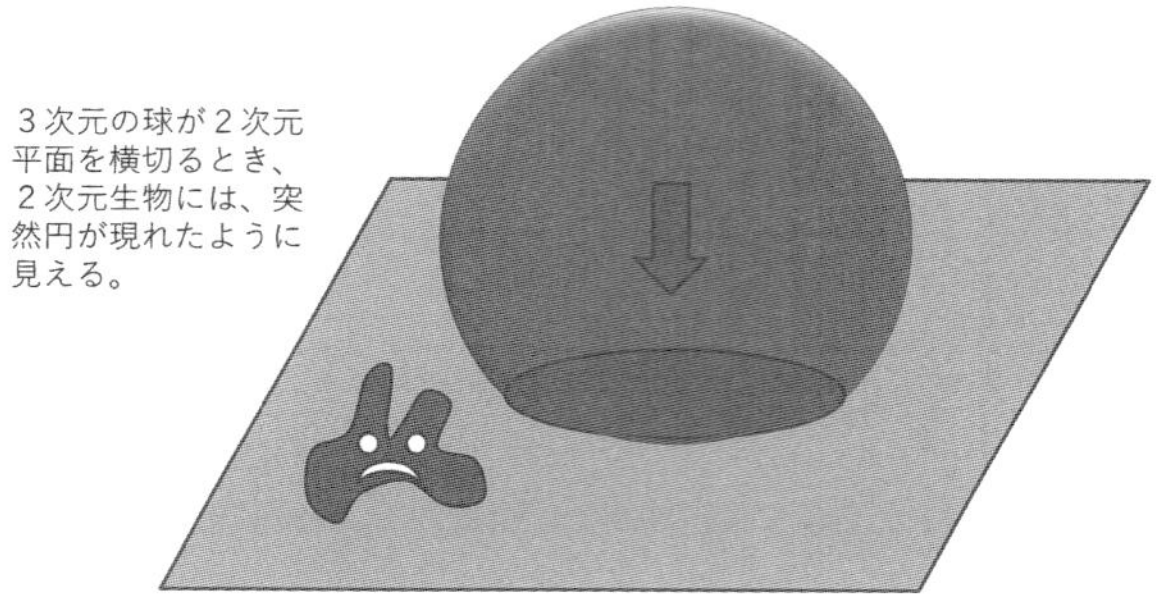
3次元の球が2次元
平面を横切るとき、
2次元生物には、突
然円が現れたように
見える。

4次元の超球は3次元生物には球に見える

◆4次元

4次元は、主に「霊」と呼ばれている者達の世界である。

天国・極楽・地獄は4次元前後にある世界であり、霊や幽霊も4次元前後である。

ちなみに、天国・極楽に行っている霊とこの世に残っている霊では周波数が微妙に違うのではないかと考えている。

幽霊達は、天国・極楽に行っている霊より周波数が低いように感じる。

目に見えないという意味においては、ほとんど違いはないので、おおまかに4次元と定義してよいだろう。

結構見える人が多い「霊」や「幽霊」だが、この世に膨大に残っているので、世界のどこにでも無数にいる。生きている人間よりも沢山いるのではないかと思うくらいだ。

人間だけでなく、動物の幽霊も沢山いるが、動物のほうが執着とか要らない思いが少ないので、幽霊になって残っている比率は少ないように感じる。

◆生霊と憑依について

生霊《いきりょう》とか憑依という言葉が使われているが、どちらも目には見えないが、普通に起こっている現象である。

生霊は「人の想いや念」が相手のところに行くことである。

中には誰かに危害を加えたくて「意識的に念を飛ばす」ケースもあるが、それは一部で、ほとんどの生霊は、誰かの事や何かを想うことでその念が飛んで行っている。

この場合、多くの人は自分が念を飛ばしていると気づいても居ない。

皆さんも仕事上だったり人間関係だったりで、周りの人の事をある程度強く考えたり何かを想うことは普通にあるだろう。

誰かを、好きになったり、腹が立ったり、うらやましく思ったり、恨みつらみだったりいろんな想いを持つことがあるし、何かをしてほしいなど、少し強く何かを想うだけで、相手に念が飛んで行ったりするので、それを生霊と呼ぶのもはばかられる部分もある。

ところが、あまりにも普通に飛んでいく想いや念だが、飛ばされた相手の人が、何らかのダメージを受けてしまう事があるのが難点である。

例えば◯◯さんは良いな〜とうらやましく思っただけでその念が飛んで行き、相手の人が感じやすい人であれば、肩が痛いとか、重いとか感じたりするのだ。

トレーニングを受けた整体師の人が、腰痛の半分以上には何かが憑いていると言っていたが、生霊を含めて、何かが憑いていると、体の不調や良くない出来事が起こることがある。

さらに重要なことは、特に意識的に人に念を飛ばしていると、飛ばした側により大きなダメージがあるという事だ。

「人を呪わば穴二つ」という諺があるが、送った側に2倍以上のダメージがあるのだ。

生霊への対処法は、飛ばしている側が意識して飛ばしているかどうかで少し変わるが、基本的には本人の魂を呼び出して、想いや念を送る危険性を伝えて、念を送るのをやめるように言って引き揚げさせるのだが、場合によってはエネルギー的に想いや念を返すこともある。

憑依については、本書の中で何度も「憑いている」という表現で登場する。

何かに憑かれていると言っても、相手は4次元の霊から始まって悪魔や宇宙人、妖怪や魔物など、膨大な種類と数の「目に見えない存在達」が人間に憑いている。

憑依という言葉の定義は色々あるのだろうが、とり憑かれている人が、内部まで入り込まれて、部分的に又は全体的にコントロールされている状態を憑依と呼んでいるケースが多いのではないだろうか。

コントロールされている状態を憑依と定義すると、憑依されている人の比率は結構低くなる。だが、コントロールまではいかなくても、とり憑かれることでトラブルや問題が発生しているケースまで含めると、ほとんど全ての人がいくつもの存在にとり憑かれて影響を受けている。

しかしとり憑いている相手は目に見えない存在達なので、ほとんどの人は気づくことは無い。

また本書の主題の一つでもあるが、ありがたいと思っている存在に実はとり憑かれていたりするのが難しいところだ。

とり憑かれている相手や影響などについては、本書を通読されると詳しく理解できる。

●事例：日本人形の呪い

私がまだほんの初心者で友人の事務所で間借りしていた頃の話だ。

友人の知り合いで私も何度か会ったことがある人が友人を訪ねて来たが、あいにく私しか居なくて、話をしていた。

ところが急にその人がトランス状態に入ってしまった。

仕方ないので、何が来ているのだろうと、その人を通じて話をしていくと、日本人形が出て来る。

どうもその人の家系にずっと憑いているようで、どんな影響があるのかを確認すると、代々その家の長男を呪い殺しているという。

日本人形そのものにそんな力がある訳がないので、本体を呼び出すと女性が出て来る。

いつから日本人形に入っているのかを問うと四百年位前からだという。

なぜこの家の長男を呪い殺すのかを聞くと、自分は山奥の村の庄屋の家に嫁に来て、長男を生んだので非常に喜ばれていたが、その子が川で溺れて死んでしまった。

子供を失って辛い所に、長男を死なせたという事で責められた上に離縁されて追い出されてしまい、一人寂しく死んでしまったそうだ。

それを恨んで日本人形に入って代々その家に祟っていたという。

行き掛かり上、仕方ないので、女性の呪いを解消して返してやることにする。

子供を亡くしたのが発端なので、その出来事を解消してやる必要があるので、シーンにエネルギーを降ろしてやると、子供は溺れかけるが女性が気づいて、助けることが出来た。

これで良いだろうと、あの世に帰るよう説得するが、今度は助かった子供が心配で帰れないという。

子供を天国から呼び出して女性を説得してもらい、エネルギーを降ろして手助けしてあの世に返すことになる。

日本人形から霊が取れたので、その人をトランス状態から戻して、話を聞いてみた。

トランス状態の間の出来事は覚えていなかったのだが、その人の実家は、四国の山の中の木地師の村の大きな家で、周りの山を沢山持っていたが、今はもう廃村になっているという。

代々長男が亡くなっていたかを聞いてみると、自分の父親と祖父の代は確かに長男が小さい頃に亡くなっているがそれ以前は分からないという。

日本人形がまだその家にあるかは分からないが、人形に入っていた女性の言う事の裏が取れた感じで面白かった。

4元の霊でも、強い恨みなどで人を呪い、死に至らせることは可能なようだ。

◆5次元

5次元に存在しているのが、天使・悪魔・鬼である。一部の宇宙人もいる。

大天使とかトップクラスの悪魔や鬼になると6次元の存在となる。

世界には天使・悪魔・鬼以外に名前が付けられている色々な5次元の存在がいるのだろうが、

代表的なのはこの3種であろう。

ちなみに、5次元の宇宙人でポピュラーなのは、映画で流行ったエイリアンとプレデターである。

なぜエイリアンとプレデターの映画が流行ったのかというと、以前、人類はエイリアンやプレデターと一緒にいた時期があるからだ。

私達が知っている文明よりもずっと前の時代であるし、知られている歴史ではないので今の科学技術ではわからない。

だが、人類の集合無意識にはエイリアンとプレデターの記憶があるから、彼らの映画が流行るのだ。

ちなみに、エイリアンとプレデターは、姿形はあんな感じだが、人間に卵を産んだり、人間を狩ったりはしない。

人間と共生していくことが出来る存在である。

◆6次元

スピリチュアル業界の人達が好きな宇宙人は、多くが6次元の存在である（一部7次元にカウントされる存在も居るが、特に差はない）。

また、神や仏を名乗る存在も6次元が多いし、妖怪と呼ばれる存在も多くは6次元である。

九尾の狐など霊が進化した存在も6次元である。

座敷わらしも6次元だという人も居る。

スピリチュアル業界ではずっと宇宙人が話題になっているが、宇宙人が見えるかどうかは見る人の能力によって変わってくる。

6次元まで見える人が見たら、姿は見えるが、その人の見える限界周波数より上のものは見えない。

だから、宇宙人の中でもちょっと周波数が高めの7次元の宇宙人は見えないが、6次元の宇宙人は見えるという人がいることになる。

目に見えない存在達を見るときに起こってくる見え方が面白い。

例えばカッパを見た時に、水木しげる調のおどろおどろしいカッパに見える人と、古い話だが日本酒の黄桜系のカッパが見える人が居る。

これは見る人の好みが影響したりする。

おどろおどろしいのが嫌な人は黄桜のカッパに見える。

悪魔がバイキンマンに見える人もいる。

映像化する時に、脳にあるその人のデータベースを使うのでバイキンマンに変換できるのである。

あの世に行くとお花畑があるというのも同じだ。臨死体験をした時に、仏教を信じている人は、極楽に観音か如来か、誰かがいる。

キリスト教を信じている人は、天国にはキリストとか神がいるのだろう。

どちらも、そこが本当に極楽や天国かどうかは別の話だが。

宇宙人の中でも、私達は偉いんだとか、宇宙連邦だ、宇宙連合だといろいろ言っているようだが、大して違いはない、「目くそ鼻くそを笑う」である。

●事例：次元のさばを読む宇宙人

ずっと以前はセッションの際などに見つけた目に見えない存在達に「何次元の存在か」と確認していた（今はどうでもよいのでほとんど尋ねることはしない）。

中には、8次元とか10次元とかという宇宙人がいる。宇宙人でそんな高い次元のはずはないので、「で、本当は何次元なのか！」と問い詰めると、シュンとして、「本当は6次元です」と答える。

そんなところで偉そうに見せても仕方がないと思うのだが、例えば11次元の存在だとか言っても通用してしまうので、だませると思っているのであろう。

◆グレイエイリアンについて

人類にとって一番ポピュラーな存在であるグレイエイリアンは太古の昔に地球にいた存在だ。グレイエイリアンの語源はクレイ（土）である。

クレイ生命体だから、彼らは今でも土色・灰色をしている。地球にいられなくなって金星に行ったので、今、分類上は金星人である。

しかし、金星の環境をあまりにも破壊して超高温の世界にしてしまったので、今は地下に住んでいるらしい。

地球から近く、非常に沢山のグレイエイリアンが来ているし、沢山の人間にコンタクトを取ってきたことを含めて、人類や地球の集合無意識に記憶があるために、グレイエイリアンは人間にとって宇宙人のモデルのように描かれるのである。

●事例：宇宙人の記憶を持つ人達

それぞれの人の過去世を見ていくと、以前宇宙人だった人が、輪廻転生の中で今は地球人として生きている人が結構居る。

『宇宙人の魂をもつ人々（ウォークインとワンダラー）』という、学者が出した本があるという。

本によると、ウォークインというのは生きている途中で違う星から来た宇宙人が魂に入り込んで人格転換するので、多重人格として捉えられることがあり、もう一つのワンダラーは、違う星から輪廻転生で地球に来て、今は人間をしている人で、地球に1億人ぐらい居ると書いてあるそうだ。

実際宇宙人にとり憑かれている人も沢山見て来たし、過去世で宇宙人を経験してきた人も沢山見て来たので、その部分に限ればあながち本の内容は外れてはいないのだろう。

時々宇宙語を話す人が居るが、ウォークインという形で中まで入られているか、外にとり憑かれているかは色々あるが、宇宙語を急に話せるようになったり、宇宙語を話せる人と接するうちに自分も話せるようになるのは、宇宙人にとり憑かれているからである。

中まで入り込まれると、人格的な影響が出ることになる。

ちなみに、入り込まれるのか、外に憑いているだけで済むのかの違いは、その人の精神や心の安定状態によって違ってくることが多い。

いずれにせよ、宇宙語をしゃべれる人は、宇宙人にとり憑かれているだけなので、喜んではいけない。

輪廻転生で以前は宇宙人で、今回は地球で人間をやっている人の中には、過去世での宇宙人の記憶がある人も一部には居るが、輪廻転生としてはごく普通の事であり特別視する必要は全くない。

また、宇宙人の記憶があるという人の中には、「とり憑いている宇宙人の記憶を見ている」ケースも結構多いので、これも単純に喜ぶのでなく、注意した方が良い。

●事例：直前の前世が別の星の宇宙人だった人のお話

私がまだ統合的な心理セラピーをやっていた30年近く前の話だ。

何度か話をしたことのある人がセラピーを受けに来られたのだが、知り合った頃からちょっと変わったところがある人で、「たぶん人間としての経験回数（輪廻転生の回数）が少ないんだろうな」と思っていた人である。

男女関係の悩みで来られたので、原因となったダメージのシーンを今回の人生から遡って過去世の「初めてのダメージのシーン」まで辿ることにした。その方自身に見てもらう中で、宮殿での男女関係のトラブルが見えてくる。

そのシーンを癒して変容し、更にハートや意識のダメージを解消してセラピーは終了するのだが、終了後に話していると「さっき見ていた宮殿のシーンは地球ではない」とその人が言い出す。2足歩行のヒューマノイドタイプで、姿形は人間と同じようなのだが、何が違うのかはわからないが、本人には地球ではないことが分かるようだ。

まあ、輪廻転生を見て行けば別の星での生が見えてくるのは不思議ではないのだが、気になったので、何回前の輪廻転生かを確認してみたら、前回＝1回前の生がその宮殿での生だと分かった。

その人にとって地球での人間の経験は今回が初めてであったのだ。

「人間としての経験回数（輪廻転生の回数）が少ない」のではと感じていた事が間違ってなかったと分かって面白かったのを覚えている。

◆7次元

7次元は、宇宙連合と名乗っている宇宙人や、一部の星を統治するクラスの宇宙人がいる。妖怪も同じで、グレードの高い妖怪は7次元の物も居る。

セッションに来られた人に宇宙人が憑いていて良くない影響がある場合に、受けに来られた人により理解しやすくするために、その宇宙人の母星の統治者を呼び出すことがある。星の名前を聞くこともしないが、聞けばプレアデスとかシリウスと答えるのだろう。どこの星だろうが大して違いはないので興味もないが。

◆目に見えない存在の分類や名前

日本では、鬼や妖怪などが見える人が居て、姿かたちが描かれてきたのだが、それらの存在より次元が上の存在達については、魔物とひとくくりにして呼んできた感じがある。世界での目に見えない存在の分類や名前はどうなっているのだろうか、よくは知らない。天使は普通5次元だが、大天使は6次元である。鬼は5次元だが閻魔は6次元だ。歴史上、6次元から7次元ぐらいまでは見える人が多少居たので、そのレベルの存在には名前がついているし、姿形を描いたものも結構ある。

8次元とかそれ以上になると見える人もほとんどいなくなるので、個別に名前が無かったりするのだろう。総称として魔物だったりするのではないかと思っている。

神や仏を名乗る存在の中には、色々な次元の存在が居て、その姿が見えた人が神や仏の名前を付けたり姿を描いたのだろう。

それらの神や仏が本当に次元のレベルが高いかどうかは全く別の話ではあるが。

今現在、世界中で8次元以上の存在に本当にコンタクトできる能力者や巫女や神官は非常に少ないように感じる。

8次元の存在からのメッセージを伝えていると講演しているスピリチュアル業界の人が居て、どこと繋がっているのか見てみたことがあるが、6次元の存在に騙されているだけのことだった。

なかなか難しいものである。

◆8次元〜20次元

8次元以上の存在のボディは多くの場合「星」である。

ここで、8次元から20次元と書いたのは、20次元までの宇宙にはボディに該当するものがあり、それ以上の次元になると、意識体＝精神エネルギー体＝魂だけの次元の宇宙になるからである。

私達が知っている138億光年のこの宇宙は10次元までの宇宙である。

この宇宙を包含するもう一つ上の宇宙が20次元までの宇宙である。

天の川銀河の中に太陽系があるのと同じ感じで、20次元の宇宙の中に10次元の宇宙がある。

現在の科学技術では観測することはできないが、アセンション後の新しい文明においては、観測できるようになるかもしれない。

ちなみに、地球は８次元、太陽は９次元である。

厳密に言うと、地球という星のボディを纏っている意識体が８次元の意識体・魂であり、太陽という星のボディを纏っているのが９次元の意識体・魂ということである。

次元が高いとは、周波数がより微細であり、その存在はより古くから宇宙に存在しており、いろいろな経験をしてきているということになる。

◆地球と話しているという人達

地球からのメッセージを伝えているという人が居るが、本当に地球と話せているかというと結構微妙だったりする。

その人は地球を名乗る存在としゃべっているのは確かなのだが、その存在が本当に地球なのかは別である。

地球と話しているつもりで、違うものと話していたりする。

ほとんどの場合、地球を騙《かた》っている6次元位の存在だったりするのだ。

特に相手から話しかけてきて、私は地球だと名乗った場合には、眉唾なので、気を付けたほうが良い。

◆20次元から上の次元

20次元から上は無限に近い次元まで存在する。

20次元から上の宇宙は星というボディを持たない精神エネルギー体・魂・意識体だけの宇宙となる。その次元は延々と続いており、次元を尋ねると「地球の数字では表せない」と言われることもあった。

10の何兆乗の更に何兆乗という、数字で表せないことはないが、数字を想像することも難しい次元までである。

スピリチュアル業界で言われているONEは10次元までの138億光年のこの宇宙の始まりのONEを指している。

この宇宙の始まりのONEは、最古の・最高の次元までの宇宙においては、星の数ほど存在

宇宙は「一つ」から始まった

全ては元は一つだった

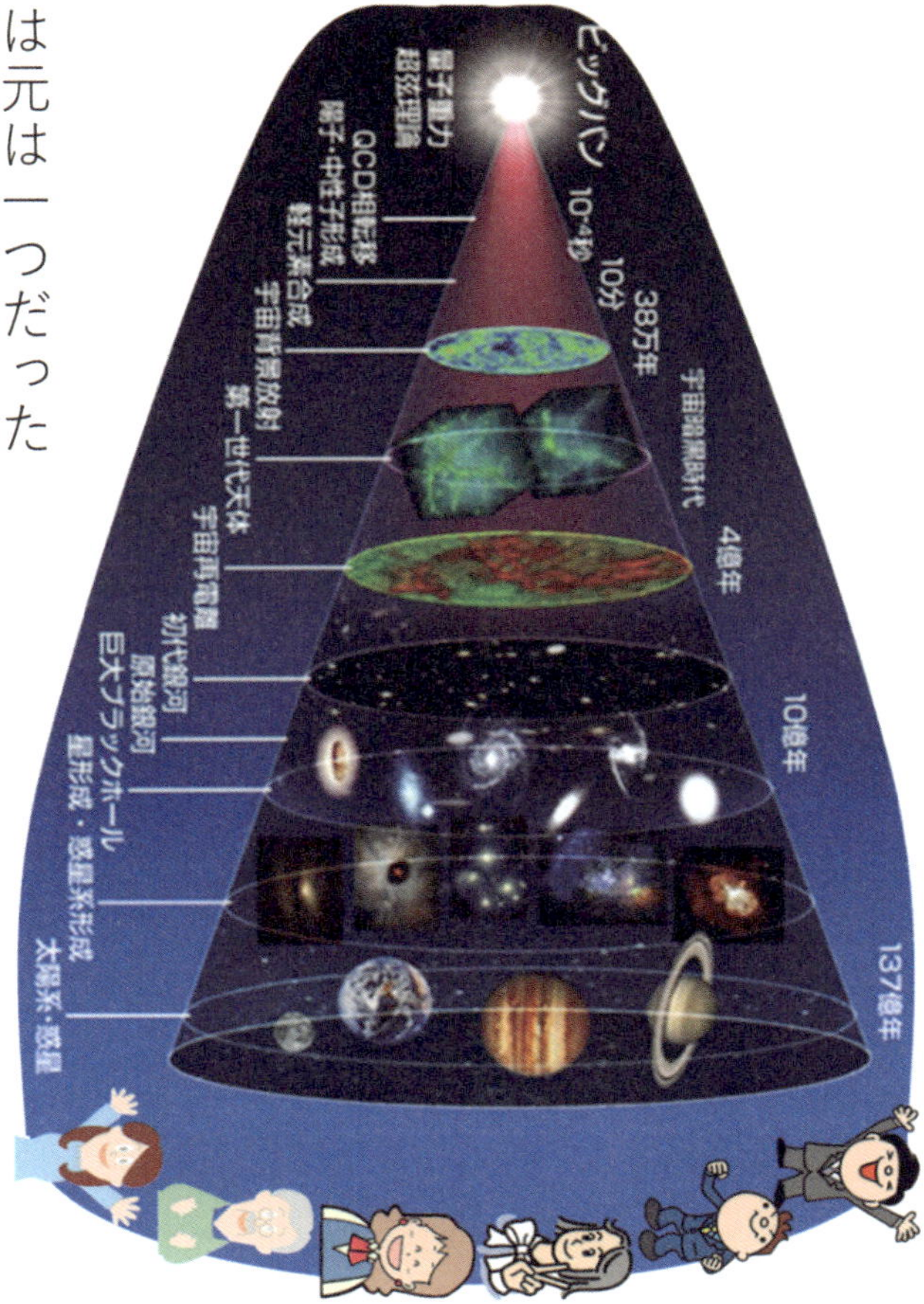

するＯＮＥの一つに過ぎない。

ちなみに私達プロジェクト・ユニバースは、10の何兆乗の更に何兆乗という次元の、無からの始まりとなったＯＮＥを「根源のＯＮＥ」と呼んでいるが、当然、過去の人類はこの次元までアクセスできたことが無いので、根源のＯＮＥという概念自体存在しない。

●事例：「なぜ人間が俺と話せる！」

私がまだ20次元位までの存在と話せるようになった頃、15年以上前の話だ。

20次元前後の存在だったと思うが、ある存在と話を始めてすぐに、その存在が「なぜ人間が俺と話せる！」と言い出した。

「いや実際に話しているだろう」というと、「そんなはずがない、人間が俺と話せるわけがない……」とぶつぶつ言いながら不審がっている。

その頃には私達は自分達がどのような存在であるか、おぼろげに気づき始めていたので、「ボディではなく、魂のほうを見ればわかるだろう」というと、どうもその存在は気づいたようで、話を続けた覚えがある。

20次元前後の存在でも、人間はそれまでアクセスできた事は無かったのである。

魂の次元の能力を使えるようになるプロセスを歩み始めて少しした頃の話である。

◆霊は進化することがある　狐や蛇のはなし

忍者漫画などで、九尾の狐や大きなガマガエルや大蛇などが出て来たのを知っている人もいると思うが、霊は進化することがある。

狐（の霊）の例が分かりやすい。尻尾の数が増えていくほどグレード＝次元が上がっていく。九尾が最高クラスで、６次元位だろう。

神社に祀られている狐（の霊）は、最初は普通の狐の霊だったが、徐々に3尾とか5尾と進化していったものだ。

長い間あがめられて、人間のエネルギーを沢山吸い取ることで、エネルギーが大きくなって尻尾が増えていく。彼らは霊になっても進化していくことが出来る。

狐は多くの神社に祀られていて、商売繁盛の神様みたいな感じに思われているが、実はご利益は特にない。

狐としゃべっていると、彼らの価値観は「うまくだますこと」だという。

沢山だますほど狐（霊）としての格が上がるのだという。

◆宇宙の始まりを見せてもらったという人達

「宇宙の始まりを見せてもらった」という人と何人か会ったことがある。

多くの場合は宇宙人が連れていってくれて見せてくれたというから、宇宙人が持っているプラネタリウムや映像データベースを見せてもらったのだろう。

例えば、6次元の宇宙人が10次元のONE、つまりこの宇宙の始まりの次元まで行くのは無理である。

彼らの科学的な知見に基づくプラネタリウムや映像では見せることができても、人間が基本的に3次元しか見えないように、自分達の次元より上の次元に行くことは無理なのだ。

つまり、6次元の宇宙人にこの138億光年の宇宙の始まりであるONEまでたどり着くことはできない。

だから「宇宙の始まりを見せてもらった」とか、「ONEに会わせてもらった」とか「ONEと話した」というのは、その存在に騙されているだけだ。

狐に限らずだが、目に見えない存在達にご利益を期待するのはやめておいた方が良いだろう。

同じようにONEと話をしているとかONEからのメッセージを伝えているという人も居る

ようだが、10次元のＯＮＥと本当に話せている人は先ずいない。

地球と話しているという人の多くが宇宙人などに騙されているのと同じで、６次元や７次元の宇宙人などがＯＮＥを騙って話しかけているだけだからだ。

●事例：この宇宙を作ったのは私達だと言ったグレイエイリアン

ずいぶん昔、次元の能力開発の本当の最初の頃、まだ宇宙人と話をしたりしていた時期に、グレイエイリアンが「この宇宙は俺たちが作ったんだ」と言って来たことがある。

「いやいや、お前たちの種族が生まれた時にはもう宇宙は存在していたであろう！」とたしなめると、ばつが悪そうに認めていた。

過去の文明において、人間に対して神を名乗り、「宇宙は私が作った」と言って来たのであろうが、相手を見て嘘をつかないといけない。

●物理学のはなし：宇宙の４つの力

素粒子の研究から、この世界・宇宙には４種類の力が存在することが明らかになっている。

本書で出てくるエピソードの中には４つの力を理解しておくと分かりやすいものがあるので簡単に説明しておく。

① 電磁力：電気を帯びた粒子に働く力。原子核と電子を結びつける力。作用をおよぼす距離は無限大。

② 重　力：万有引力として知られる力。作用をおよぼす距離は無限大であり、マクロの世界を支配している。

③ 弱い力：中性子の自然崩壊を引き起こす力。作用をおよぼす距離は極めて小さい。

④ 強い力：クォークを結びつける力。中性子や陽子として、あるいは原子核として安定させる力として働く。作用をおよぼす距離は極めて小さい。

以上の4つの相互作用が、宇宙に働いている力の全てであり、「自然界の4つの力」と呼ばれている。

本書で重要なのは、この4つの力の内、重力だけが次元を超えることが出来ると言われている点である。

そして、重力はこの4つの力の中で、桁違いに弱いのも重要な特徴である。

これは、地球という巨大な重量による重力に対して、小さな磁石の「電磁力」で、鉄製の物を持ち上げられることからも分かる。

超弦理論から予想される宇宙

物質を構成しているヒモはDブレーンにつながっている

重力はDブレーンの間を漂う閉じたヒモである ➡ **重力だけは次元を超えられる**

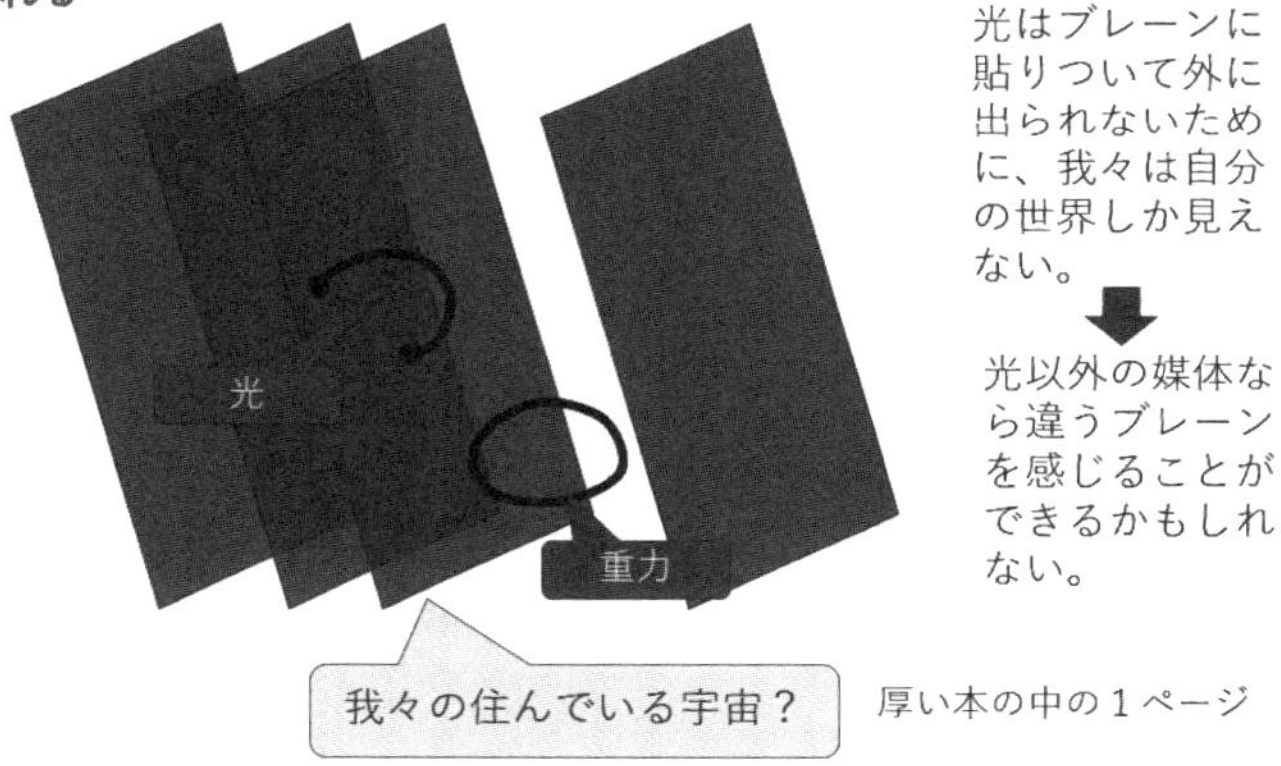
光はブレーンに貼りついて外に出られないために、我々は自分の世界しか見えない。
光以外の媒体なら違うブレーンを感じることができるかもしれない。
光
重力
我々の住んでいる宇宙？
厚い本の中の１ページ

◆ハリウッド映画のように宇宙人は攻めて来るのか

ＳＦ映画に宇宙人が地球を侵略しに来るものが沢山あるが、基本的に宇宙人は地球を攻めて来ることはない。彼らがどんなに地球を自分達の物にしたいと真剣に考えていてもだ。

単純な話、６次元の宇宙人は普通の人には見えないので、見えない存在に攻められていても普通の人には気づけないことになる。

映画の様に宇宙人が地球に侵攻してこないのは、できないからでもある。

物理学の話になるが、宇宙の４つの力の内、一番弱い重力しか次元を超えられないので、重力で地球を攻めるのは無理があるのだ。

ちなみに、最近ＵＦＯの映像が極端に増えてきている。

スマホやドラレコの普及によって映像が増えたのもあるが、この前、邪魔をしに来ていた宇宙人を取るついでに「なぜ最近ＵＦＯの映像がたくさん出回っているのか？」と尋ねてみたら、「わざと見えるようにして見せてやってる」と言っていた。６次元のＵＦＯであっても、周波数を下げることで見えるようにできる。

宇宙人達がなぜ見せようとしているのかはわからないが（興味もない）、結果的に宇宙人の存在や目に見えない存在達について興味を持つ人が増えていくことや、宇宙人の存在を信じる人が増えていくことは、アセンションに少しだけ役立つ可能性はある。

これは宇宙人や目に見えない存在達の目的とは逆の効果になるのだが。

詳しくは第４章で触れよう。

セッションでクライアントさんに宇宙人が憑いていた時に、宇宙人が邪魔をしてくることがあるのだが、クライアントさんが「すごい引っ張られています」と言って、体が少し傾くことがある。

宇宙人が一生懸命やっても、人の体を傾ける程度の邪魔しかできない。

これは４つの力の内、最も弱い重力しか次元を超えることが出来ないのが原因である。

そこで、彼らは人間を通して地球を支配しようとしている。

一部の宇宙人や妖怪達はある程度成功している。

スピリチュアル業界の人や、いろんな宗教団体や、陰謀論のもとになっている組織の人達は、宇宙人や目に見えない存在達から見ると、ある程度コントロールに成功している人達である。

実は宇宙人や目に見えない存在達は、70億人の人類をどれだけ自分の影響下に置けるかを競っている。

コントロールできる人数がその宇宙人や目に見えない存在達の勢力になるのだ。

また、より多くの人間からエネルギーを吸い取った物が力を持つことが出来る。

膨大な種類の宇宙人や目に見えない存在達が、通訳できる人間を使って、色々な組織や団体を作らせたり、本を出させたり、ネットで発信させたり、ヒーリングやセラピーという形だったり、様々な方法で自分達がコントロールできる人間の数を増やそうと努力している。

また、「お金」が関わる人間の数を規定する面もあるので、陰謀論のもとになっている組織は、本人達は夢にも思っていないだろうが、宇宙人の配下として世界の富をコントロールしている。

しかしこれら宇宙人や目に見えない存在達の色々なアプローチによって、地球の全てが植民地の状態となっているかというとそうでもない。

宇宙人や目に見えない存在達は、あくまで人間の意識に介入するという間接的な方法しか取れないので、中々植民地化は難しいのが人類誕生以来の状況である。

少なくとも彼らが直接的に統治出来ている訳ではない。

スピリチュアル業界の人にコンタクトを取って来る宇宙人をはじめとする目に見えない存在達には膨大な種類と数が居る。

あなたが、目に見えない存在達の中の誰を信じているのかに関わらず、この本を手に取った時点で今まで信じてきたものを一度立ち止まって見直す時期に来ている。

◆ウイルスを地球に持ち込んで来ているのは宇宙人

ウイルスは、生物なのか無生物なのか、専門家でもアタマを悩ませている、とても不思議な存在である。

ウイルスは細胞構造が無く、DNAかRNAとそれを囲むタンパク質から出来ており、生きている細胞内でしか増殖できない（単独で増殖できない）。

テレビで学者がウイルスは生物では無いと言っているのを聞いたときに、「宇宙からやって来たのではないか」「宇宙人が持ち込んで来ているのではないか」と感じたので、確認してみたら、その通りだった。

本書で定義している次元と代表的な存在達

次元	代表的な存在達と解説
3次元	人間、動植物、鉱物他、物質、妖精や精霊・ちっちゃいおじさんなどは3次元代の存在
4次元	霊（人間、動物など）
5次元	悪魔、天使、鬼、エイリアン、プレデター
6次元	宇宙人、妖怪、大天使、悪魔サタン（ルシファー）、進化した霊（九尾の狐など）
7次元	宇宙人、妖怪、星の統治者など
8次元～10次元	星、魔物、例：ダースベーダーやヨーダに見える存在達
11次元～20次元	星（人間はアクセスしたことが無いので名前は無い存在達）
～無限に近い次元	精神エネルギー体＝魂（ボディを持たない）根源のONEまでの存在達

付記：ルシファーの語源がラテン語の金星であるのは、グレイエイリアンとの関係を考えるとちょっと面白い

家族などがインフルエンザやウイルス性の病気の感染者と濃厚接触した場合などや症状の出始めであれば、そのウイルスを持ち込んできた宇宙人を呼び出して、宇宙人を還すことで、全てとは言えないが発病を防ぐことが出来たことが何度もある。

ただし、人工的に改変されたウイルスにはこの方法は効かないのが難しいところだ。

第4章

危ない
スピリチュアル
崇めることを
いかにして
やめるか

◆宇宙人を含めた目に見えない存在達との関わりの危なさについて

スピリチュアル業界の人達を代表する能力は、普通の人には見えない存在達が見えたり話せる能力である。

姿が見える人、聞くだけの人、話せてコミュニケーションが取れる人がいる。

見える・聞こえる・話せる能力がスピリチュアル業界では重要視されているが、本当はもっと重要な能力がその先にあるのだが、それについてはあまり知られていない。

◆見える・話せる能力は通訳の能力

まず、見える・話せることそのものは、この世界の通訳みたいな能力である。

英語が話せない人にとっては、英語圏の人としゃべるときには、間に通訳の人がいないとコミュニケーションがとれない。

同じように、スピリチュアル業界では見える・話せる能力を持っている人を通してコミュニケーションを取ることになる。

今の３次元の世界での通訳について考えてみると分かるのだが、通訳の人達は、英語をしゃべっている人達の素性とか、しゃべっている中身について責任を持つことはない。単に言われたことをそのまま変換して伝えるのが仕事である。

スピリチュアル業界でも同じであり、目に見えない存在達の素性や本当の姿とか、本当は彼らが何のために地球に来て、何をしようとしているかというのは、通訳にとっては基本的には関係のない話であり、目に見えない存在達の言葉やメッセージをそのままストレートに訳しているのが現状である。

スピリチュアル業界では、見える・話せる・聞こえることが「すごく素敵な・素晴らしいこと」だと思われているので、通訳する人があこがれの対象になっていることもあるのだが、通訳の人達には相手をジャッジしようとか、正体をちゃんと突き止めようとか、コンタクトをとってきた目的を深く突き詰めようという発想そのものがない。

なぜかというと、通訳している人も、それを聞きたがっている人も、自分達が関わっている目に見えない存在達（宇宙人や神や仏を名乗る存在や神の使いや天使）は我々より次元が高く、素晴らしい存在なので、全面的に受け入れるという前提に立っているからだ。

◆審神者の限界

宗教の中には、審神者（さにわ）といって、目に見えない存在達とコミュニケーションを取る際に、「相手を審査する」という概念が一応はある。

過去の人達が目に見えない存在達と話したり関わって来た記録、いうなればデータベースに基づいて、相手の話していることが本当かどうか、相手が本当に神や仏なのかをジャッジするのが基本である。

また一部の能力の高い人達の中には、目に見えない存在達の言葉ではなく、そのものの本当の姿を見ることができたり、言ってることの嘘が感じ取れる人も居る可能性はある。

これはその人の「次元の能力」によるもので、少数ではあるが、低級な霊などが神や仏などを名乗っている場合にはジャッジできる人も居るだろう。

しかし、目に見えない存在達が見えたり話せる人の多くは5次元以上の存在が相手だと多くの場合にジャッジは上手くいっていないようだ。

私達が膨大な目に見えない存在達と関わって来て言えるのは、相手を完全にジャッジするためには、最低限、こちらが相手の次元よりも高い次元の能力を持つ必要があるということだ。

相手が６次元で、こちらが６次元の能力しかもっていないと、通訳能力はあっても、６次元の存在が姿を変えていたり嘘を言っていても見抜くことは難しい。

目に見えない存在達からすれば簡単にだませる。

赤子の手をひねるまでもない。

例えば、悪魔が天使の姿になって人間に姿を見せることは彼らにとってはとてつもなく容易であり、あまりにも普通の事なのである。

それが神を名乗る存在であろうが仏を名乗る存在であろうが、「本当はおまえは誰だ！」ということを言えるだけの「力関係」がない限り、だまされるのは仕方がない。

こういうことが、人類が地球上に存在し始めて、文明を持ち始めてから延々と今に至るまで続いてきているのである。

現在の世界では、自分達の文明は進んでいるからとか、自分達の信じているものはきちんと神や仏だから大丈夫と思っているが、相手の本体を見極め、本当の目的を白状させる力を持たない限り、今まで地球上で続いてきた文明はずっと変わらず危ういままなのだ。

逆に今の文明や宗教の方が、繋がり先の確認や審神者をしようともしていないという意味ではより危うく、巫女やシャーマンが統治していた時代のほうがまだ少しはましだったりする。

◆スピリチュアル業界の課題

現在のスピリチュアル業界の一番の危うさは、見える・聞こえる能力のある人達が、相手の正体も目的も分からずに、良きものとして目に見えない存在達の言葉を伝えていること自体である。

実際にある団体の巫女役でその団体において神からのメッセージを全部降ろしている人と知り合い、セッションを受けに来られたことがある。

その人は、神からのメッセージを皆さんに伝えますということで、本も何冊も出しているし、全国で講演している。

セッションでは、その人が神と呼んでいる存在が本当は何なのかを見せてあげた。

その存在を見せて目的を聞き出すことで、本人も自分が繋がっていた存在が何であったかは理解することが出来た。

その存在を取って、本来の繋がり先と繋げてあげたのだが、その後の経過を見ていると、その人は神と呼んでいた存在との繋がりがなくなると仕事にならないので、本人がまた呼び戻す結果になってしまったようだ。

本人が望むことはそれで仕方がない。

他にも元の繋がりに戻ってしまう例は時々ある。セッションで憑いている存在をとったとしても、本人がその存在とまた繋がりたいと思って祈れば、その存在はすぐに来てくれる。繋がりを戻すのは簡単なのだ。

強制することはできないので、本人が望むのであれば仕方がない。

◆なぜ神や仏を名乗る存在や宇宙人をありがたがってはいけないのか

目に見えない存在達とコミュニケーションを取る際には何に気を付ければ良いのかを少し触れてみよう。

一つには目に見えない存在達とのファーストコンタクトが指標になるだろう。

もし目に見えない存在達が相手からあなたにコンタクトを取って来たとしたら、その存在は危ないと思ったほうが良い。

目に見えない存在達がその人を通訳として利用するためにコンタクトをとってきているのだが、話せる人は喜んでしまうため、非常に簡単に利用されることになる。

３次元の人間界も宇宙の一部である。宇宙には、他の文明・特に遅れている低い文明に介入してはいけないという大原則がある。

例えば、アマゾンなどジャングルに原住民と呼ぶ人達が暮らしているが、ちゃんとした文化人類学者は、その村の近くに行かせてもらって、「こんなふうに生活しているんだな」と観察はするが、文明の利器を与えたり、食べ物や薬を与えたりなど、絶対に介入しない。

あくまで観察させてもらって、自分達の学問を深めていこうとするだけだ。

ところが、そこに眠っている鉱物資源や植物資源や土地を収奪しようという輩は、薬だったりタバコやチョコレートや食べ物を渡したり、鍬、鋤など、いろんな文明の利器を提供して信頼させ、そこにある資源を収奪していく。

宇宙人や目に見えない存在達と、スピリチュアル業界の通訳を通した人類の関係も同じで、目に見えない存在達が通訳能力のある人にコンタクトを取って来る時点で、その存在は、「低い次元の世界に高い次元の者は介入してはいけない」という宇宙の法則を破っている存在である。

スピリチュアル業界を含めて、見えないものが見えたり、話ができる人達は、できれば、今、自分がしゃべっている者が何者なのか、何を目的にコンタクトをとってきているのかをジャッジする必要があるということを頭の中に入れておくといい。

見える・聞こえる・しゃべれる人の中には、やろうと思えば、審神者というか、相手の本質を見極める能力を持っている人が、確率は低いが少しはいるはずだ。

目に見えない存在達をジャッジする必要があるのだということを聞いたこともないし、やり方を教えてもらったこともないので、真面目に、誠実に通訳してしまうのである。

マフィアが日本に進出するために、企業にカモフラージュして、企業として通訳を雇ったとしたら、その通訳の人は一生懸命通訳すればするほど、善意であれ、マフィアの手先の仕事をしてしまうことになる。

自分がそんなことをやりたいのであればいいが、そうではなくて、地球を良くしたい、宇宙を良くしたいという思いでやるのであれば、しゃべっている相手が誰なのか、本当は何をしに来ているのかということを確認しようとしたほうがよい。

ただ、「もっと突っ込んで聞こう」、「判断できる材料を確認しよう」という思いでしゃべって行けば「相手の正体を見極められるのではないか」、「本当の目的を問いただすことができるのではないか」と思うかもしれないが、天使の姿を見せている悪魔を「天使」だと思ってしゃべったり、宇宙人を崇める気持ちがある限り、難しいだろう。

コンタクトを取ってくる存在達は「このままでは地球が危ないから、アセンションをサポートします。みんなで良くなりましょう」「私達の次元に上がれるようにサポートします」という甘言を弄してくる。

「あなたはそのために選ばれた存在です」「あなたには崇高な役割があるのです」と自尊心をくすぐられ、「私、頑張ります」と乗せられる。

スピリチュアル業界には心の純粋な良い人が多いので、本当に純粋に良いと思って通訳をしてしまうから難しい。

ここからは危ない事例を説明していこう。

◆天使や神の使いを名乗る存在が危ない

天使のヒーリングとか、天使からのメッセージを伝える人が居る。その人達が信じている天使や神の使いと名乗る存在が、本当に天使や神の使いなのかが問題だったりする。

天使のヒーリングを受けたことのある人がセッションを受けに来たことがある。

そのヒーラーの人は自分がコンタクトを取っているのは天使だと信じて、何冊も本を出しているし、多くの人に天使のエネルギーを使ってヒーリングをして来たのだが、私のところに来た人を通じて、その天使を名乗っている存在を呼び出して確認すると、実際には天使の姿に化けた悪魔であった。

天使の姿を見せられると、私達はついつい天使だと思い込んでしまうが、目に見えない存在達が相手なので、本当の姿を見極めるのは結構大変なのだ。

自分から、天使だとか神の使いだとか、神だとか仏だとか名乗る存在は基本的に疑ってかかったほうが良い。

また、日本の神社などでは、神の使いとして白蛇だったり、狐などがあがめられていることがある。

ある神社には白蛇が祀られていて、多くの人が祈ったり供え物をしている。

その神社に多くの人を連れて詣でていた先生と呼ばれていた人の関係者が来た時に、６次元近くまで進化した大きな白蛇が憑いていたので話してみたことがある。

お前は、本当に神の使いかと尋ねると、元はただの白い蛇だったが、神社にいることで、人々が勝手に神の使いだとあがめてくれるようになって、何百年もいるので、ここまで進化できたと言っていた。

何か人々に良いことをしているのかと問うと、エネルギーをもらうだけなので特に良いことはしていないという。

そんなものなのだ。

天使だとか神の使いだとか名乗る存在は基本的に怪しいので、注意した方が良い。

見えるものを崇拝すると低次元のものにとらわれる

天使のように大きさと形を持つものは、周波数が低い（次元が低い）。
形を持つものを崇拝すると次元の低いものにとらわれてしまう。
そのために偶像崇拝をタブーとしている宗教が多い。

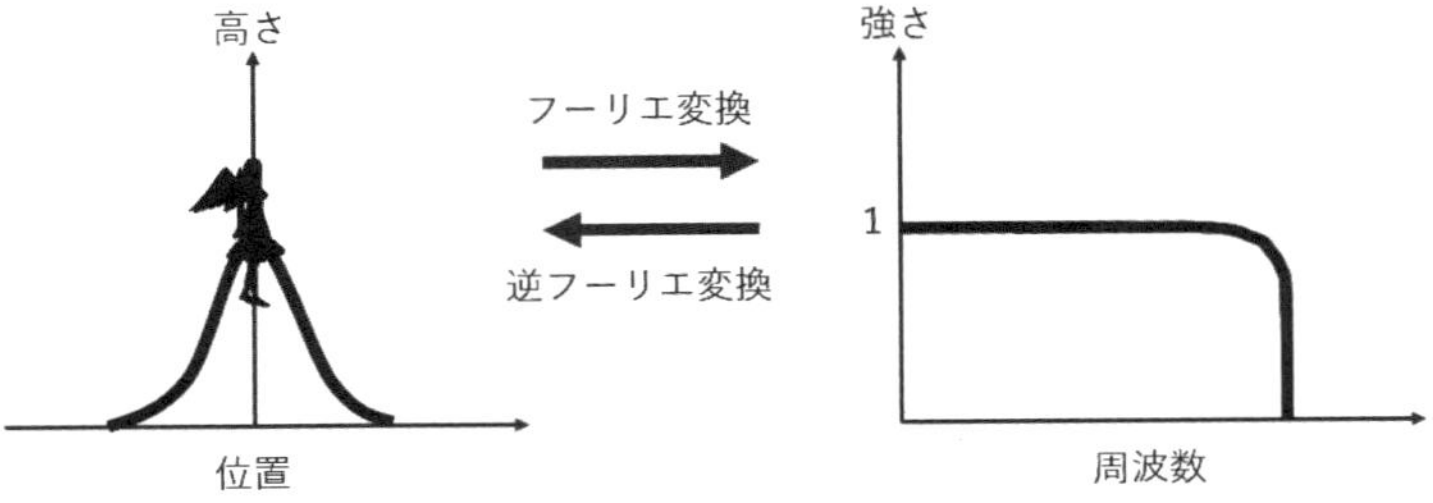

目に見えない存在達と話す能力を持つ人の中には、それら存在の正体を見極める力を持っている人が、まれに居るので、話す能力を持っている人は、ぜひ一度その存在の正体を見極めるようにチャレンジしてみることをお勧めする。

正体を見極めることが出来て、思っていた存在と違うようだったら、それらの存在の言葉を他の方に伝えたり、そのエネルギーを使ってヒーリングをしたりするのは、やめておいたほうが良い。

更に言うと、見極める力と、それらの存在に対処できる力は全く別なので、対処できる能力を持っていない人は無理に立ち向かおうとしないようにしたほうが良い。

場合によっては命にかかわることがあるからだ。

◆自分のできる範囲を分かっていない能力者・霊能者が危ない

霊能者や巫女・陰陽師・神官・僧侶の中には、目に見えない存在達を扱う活動（祓う、返す、取るなど）をしている人達が居る。

この、目に見えない存在達を扱う能力は、見える・話せる能力とは全く別の能力であり、本当は、純粋にその人自身の次元の能力によるものだ。

それぞれの人が色んな目に見えない存在達を扱ってはいるのだが、その人の能力の範囲の目に見えない存在達は扱うことができるが、当然ながら能力を超えた存在は扱うことができない。

それぞれの人がどういう「方法」（＝祝詞やお経、呪文など）で目に見えない存在達を扱っているかは別の問題である。後で触れるが、方法にも相当問題がある。

対処しようとしている目に見えない存在達が、自分の能力の範囲なのか、自分の能力を超えた存在なのかを見極めて対応することが必要なのだが、扱っている人が皆、その見極めができる訳ではない。

まず、自分ができる範囲をわかっていた霊能者の事例を挙げてみよう。

何かにとり憑かれて相当大変な目に逢って来た人がセッションに来られた時の話だ。

以前、知り合いに紹介してもらって長崎の霊能者の方に見てもらいに行ったことがあるという。

霊能者に会いに行く前日に、泊まっていた長崎のホテルで、ものすごい力で窓から飛び降りさせられそうになったという。

意識はあるが、体をコントロールされて、一緒にいた友人が必死に止めようとするのだが、それを振り切って窓を開けて飛び降りる寸前までいったという。

たまたま長崎の友達が部屋に訪ねてきて、一緒に引きずり降ろして止めてくれたので何とか命は助かったそうだ。

翌日、霊能者の方のところに行った時に、いくつかの霊や憑いているものは取ってくれたが、その霊能者は、自分にできるのはここまでで、まだ憑いている物が居るが、申し訳ないがそれは自分では取れない。と言ったそうだ。

その話を聞いた時に、出来ない事をきちんと言えて偉いと思ったものだ。

実際にやってみないとわからないケースも多いので、たぶんその霊能者も自分の能力と知っている方法では取り切れなかったのだろう。

だが、それ以上無理しなかったのが良かった。

次に、無理をしてしまった霊能者の事例を挙げておこう。

こちらも私のところに来た人が体験した事例だ。

経営者のその人は、会社の隣の古家付きの土地が売りに出たので購入したそうだ。

その土地をどう活用しようかと古家の前に立っていた時、通りがかった霊能者の人が、この場所は危ない、私が祓うから、入って来てはいけないと言って、一人で古家の中に入って行き、2時間近く経ってから、すごく疲れた様子で出てきたそうだ。

数日後、その霊能者の人が亡くなったと聞かされたという。

その話をしてくれた時に、土地に実際に何が居るのかを確認してみると、8次元の魔物クラスの存在が居た。

当然だが霊能者の人は祓うことができなかったのだ。

その魔物は還しておいたのでもう大丈夫なのだが、経営者の方は気味が悪いと言って、建物を建てるのをやめて駐車場として使うことにしたと言っていた。

この霊能者の例のように、自分の能力を超える相手には、出来れば手を出さない方が良い。場合によっては命を失うことになる。

私自身も本当の初心者の頃に、命を取られるからある場所に近づくなと言われたことがあるので良く分かる。

事務所に行くときに乗る電車に乗るなと言われたのだが、乗らないと事務所に行けないので無理だというと、では途中で電車が渡る川を見るなという。

後に分かるのだが、危ない場所は電車の渡る橋の少し上流だった。

数か月経って、少しレベルが上がってから、やっとその場所に行って8次元の魔物を返すことが出来たのだが、自分と相手の力関係を知ることは非常に重要なのだ。

4次元の霊くらいであれば対処できる人は結構居るが、5次元の悪魔や鬼などになると対応できる人は一気に減る。

更に6次元の宇宙人、妖怪、トップクラスの悪魔、進化した霊（九尾の狐）などになると、対応できる人は相当まれになる。

8次元の魔物と呼ばれたりする存在になると、扱える人は非常に稀になり、さらに次元の高い存在になると、扱える人は地球上で数人である。

相手のレベルが分からない状態で対処しなければならないこともあると思うが、無理はしない方が良い。

◆ヒーリングやセラピーが危ない

ヒーリングやセラピーにはたくさんの種類があるが、施術している側や教えている側の人は、そのヒーリングやセラピーが何のエネルギーを使ってクライアントさんに効果を出しているのかを明確には分かっていないことが多い。

中には、エネルギーを使っていること自体を分かっていない人も結構居たりする。

心理的なセラピーであれ、ヒーリングやボディーワークであれ、施術する人が分かっているかどうかは別にして、実は何らかのエネルギーを使ってクライアントに効果を出しているのは同じである。

分かっていたとしても、当然、その存在は良いものだと思っているので、施術を通してそのエネルギーを使っているし、結果・効果があるので良いと思い込んでいる。

実際、私が以前やっていた心理セラピーについても、色々なことが分かるようになった後に見てみると、結構な種類の神や仏を名乗る存在や宇宙人などが介入していた。

心理学なのにこんなことが起こっているとは想像もしていなかったので、結構驚いたのを覚えている。

プロジェクトのメンバーで私のところでトレーニングを受けた人の体験だが、トレーニングを受けはじめて、見えたり話せたり、ある程度対処出来るようになった頃に、トレーニングを受ける前まで通っていたボディーワークの人の所に行ったのだが、悪魔が居たので問い詰めると、ボディーワークの効果は俺のおかげだ、みんなに憑いて勢力を広げるために、この人（施術者）が流行るようにしていると言ってたそうだ。

そこまで分かってしまったので、わざわざ悪魔に関わるのも面倒なので、ボディーワークに行けなくなってしまったという。

人に話を聞いてもらったり、人に体を触ってもらうことによって癒される部分はあるし、物理的に凝りや痛みが解消されることもある。

ただ残念ながら、そのプラスの部分以上のマイナスが、神や仏を名乗る存在や天使や悪魔、宇宙人や神の使いを名乗る存在を貰って帰ってしまうことである。

この存在達は、当然、心や体を楽に感じさせる事でヒーリングやセラピーの効果を感じさせ、そこからずっとその人にとり憑いて、エネルギーを吸ったり、その人を使って、より多くの人にとり憑こうとする。

また、その人にトラブルを起こすことで、ネガティブな思い、しんどい思いをさせるようにする事もある。

彼らにとってネガティブな思いやしんどい思いは好ましいエネルギーなのだ。

癒されに行って、お土産に要らないものを貰って帰るのは悲しい。

◆病気を一瞬で治す人が危ない

病気を一瞬で治せる人を何人か知っている。

ガンを直す専門の人も居るし、講演会で舞台に上がった人を一瞬で治す人も見たことがある。

次元の能力を開発してから、来られた人を通じて病気を治している人達が何の力を借りているかを見たことがある。

講演会の講師は宇宙人の力を借りていたし、ガンを治す人は巨大な蛇の力を借りていた。

ガンを治す人のところで事務方を務めていたことのある人が私達の所に来られた時に言っていたのは、一旦ガンは治るのだが、再発するのでまた来られるのだそうだ。

ガンを含めて病気には理由・原因がある。生活習慣という面での原因だけではなく、過去世からの課題を含めて、今回の人生で取り組むと決めてきた課題に気付かせるために病気を体験することが多い。

だから、病気を一瞬で治しても、その人の人生の計画として必要だから再発するのである。

更にこの場合、ガンを一瞬で治してもらった人にはもれなく蛇が憑いて来るので、その後の人生に問題が起こってくる。

むやみに奇跡を求めるのは危ないのである。

人生のしくみを知っておくと、病気を含めて、悩みや問題への取り組み方が分かってくる。

●事例：抗ガン剤が奇跡的に効いた話

ある女性が、夫と息子達の確執について相談に来られたことがある。

息子は二人とも結婚して孫も生まれているのだが、夫との折り合いが悪くて実家に寄り付かないので、孫にも会えないと言われていた。

その女性を通して過去世での夫と息子達のトラブルを見つけて解消しておいた。

セッション終わりに女性が、夫が受けていた検査の結果が数日前に出て、すい臓ガンが見つかり、来週入院することになったという。

手術が出来ないので抗ガン剤の治療になると医師から言われたそうだ。

ガンの原因を見ると、セッションで扱った息子達との関係が主な要因だったので、「ガンの原因はすでに解消してあるので心配ない」「抗ガン剤を医師はやめないだろうから、副作用が出ないようにしておくので、受けてもよい」「ガンの原因を解消しているので、抗ガン剤が非常に効いたように見えて、医師がとても喜ぶはずだ」と伝えておいた。

翌月彼女が来られた時に、私の言った通りになったとびっくりしながら報告してくれた。

1回目の抗ガン剤でガンが70%も縮小したらしく、その医師はニコニコで、他の先生を何人も病室に連れて来ては自慢していたそうだ。病気には原因があり原因を解消すると、必要がなくなった病気は勝手に治っていくこともある。ただ、肉体のケアは、高次元のエネルギーでも難しいものである。

◆名前を騙る宇宙人とそれを信じてしまうスピリチュアル業界の人達

バシャールAとバシャールB

30年くらい前に、バシャールという宇宙人からのメッセージを伝える本を紹介されたことがあった。

当時は多少の興味はあったが、分厚い本を読むほどの意欲はなかったので、本を貸してもらったが、ほんの少ししか読まなかったのを覚えている。

そして数年前だろうか、芸能人の男性がバシャールと話したとテレビで言ったりして、スピリチュアルの世界でまた一時的にバシャールが話題になった。

この頃には、意味が無いのでほとんど宇宙人と喋る事は無かったが、今回のバシャールは以前のバシャールとは別の宇宙人ではないかと感じたので、呼び出してみた。

やってきたバシャールに、「以前本になったバシャールとお前は別の宇宙人じゃないのか」と問うと、そうだと白状する。

なんで名前を騙るようなことをするのかと聞くと、「人間の世界では有名だし、バシャールというだけで話を聞いてくれるから」という。

それで、何しに地球に来てるのかと聞くと、あわよくば、地球を我がものにしたいと、他の宇宙人と同じことを言う。

本やテレビで、人間のために役立つ、と言っているのと本心は全く違うのだ。

人間にコンタクトをとってくる宇宙人というのは、「不介入」という宇宙の法則を破った存在しかいないので、話すべき相手ではない。

そして人間にコンタクトをとってくる宇宙人は基本的に、母星が大変な事になっているので他の星を狙っているか、犯罪を犯すなどで元の星にいられなくなって、地球で一旗あげようという者達である。

神や仏を名乗っていても宇宙人としてコンタクトを取ってきても同じなのだが、どんなに私達にとって耳障りの良い言葉やメッセージを伝えてきたとしても、もともと人間と関わってはいけない存在達なので、相手をしてはいけないのだ。

有名な宇宙人だからとか、有名な〇〇星人だから、宇宙連合だから、宇宙連邦だから、地球を救うために来ているとか、あなただけにメッセージを伝えるとか、あなたは選ばれた人だとかいろいろ耳障りの良いことを言うのだが、有り難がってコミュニケーションを取ろうとするのはやめておいた方が良い。

人間に関わってくる宇宙人は全てアウトロー（無法者）なのだから、あなたが、やくざやマフィアの悪事の片棒を担ぎたいのでなければ、関わりは持たない方が良いのだ。

あなたが話せる人ならば、一度その存在を問い詰めて本当の目的を言わせようとしてみるのも良いだろう。上手くいくかどうかはあなたの次元の能力次第ではあるが。

◆パワースポットが危ない

スピリチュアル業界だけでなく、テレビなどでも普通にパワースポットが取り上げられるようになって、昔からある三十三か所巡礼などの巡礼系を含めて、パワースポットに行く人達が沢山いる。

多くの人が行きたがる神社やお寺や聖地やパワースポットなど、何かエネルギーを感じられる場所には、実際、本当にエネルギーが存在する場合がほとんどだ。

エネルギーを感じることが出来る人の中には、ここのエネルギーはすごいという位の感じ方の人もいれば、ここにはこんな神様や仏様や宇宙人がいると、姿を含めて感じられる人もいる。

更にその存在達と話せるタイプの人もいて、それらの存在達からのメッセージを参加者に伝えたりしてスピリチュアルツアーをしている人もいたりする。

パワースポットで重要なのは、そこにあるエネルギーがどんなエネルギーなのか、どんな存在のエネルギーなのかであり、その存在の目的は何かを見極めることである。

パワースポットに行く人は、何かご利益を求めている人が多いのだが、悩んでいたり、何かうまくいかなくて人生を変えたい人達が多く居る。

パワースポットで祈ったり、すがる思いで行った人達は、自分自身の「しんどさ」のエネルギーを置いていくから、帰るときはちょっと楽になる。

しかし、そのパワースポットには皆が残していったエネルギーが溜まって行くので、巨大な負のエネルギーの塊ができ上がる。

その負のエネルギーの塊に、しんどいエネルギーを持った人が同調して、吸い寄せられるのだ。

つまり、パワースポットの中には負のエネルギーが巨大化した場所が多い。

ちなみに、負のエネルギーだけでなく、願いをかなえたい、成功したい、お金持ちになりたいという欲のエネルギーも溜まっている。

良いエネルギーか負のエネルギーかは別にして、エネルギー自体は大きいのだから、パワースポットであるのは間違いではない。

あなたがパワースポットに行って、しんどいエネルギーを置いてくることが出来れば良いが、より大きな負のエネルギーをもらって帰る可能性も高い。

また、場所によっては、霊や鬼や悪魔や宇宙人など、目に見えない存在達が居て、その存在達のエネルギーによってパワースポットと呼ばれている場所も多い。

この場合、そのパワースポットに行くと、そこに居る存在が憑いてくることになる。

どちらの場合にも要らないお釣りを貰って帰ることになるので、パワースポットへ行くのはあまりお勧めできないのだ。

セッションやセミナーに来られた方がよくパワースポットや神社やお寺などに行くのはどうですか？　と質問される。

基本的には今のような説明をして、あまりお勧めしないとお伝えしている。

もし行きたいのならば、神社や大きなお寺などは、自然に恵まれているので、森林浴に行くつもりで行き、何かをお願いしたり、助けてもらおうとしない方が良いだろう。

ただ、神社とかお寺とか、パワースポットに行きたいと思う人が行くのを止めはしない。

それもその人の経験でありプロセスである。

だが、あなたが、本当に行っていいのかな？　と思ったならば、今後は行かないほうがいいだろう。君子、危うきに近寄らずである。

●読み物：世界遺産ククルカンのピラミッドをはるかにしのぐ、縄文時代の驚異的な技術能力

縄文時代に足摺岬に国を作ったと前で触れたが、足摺岬には当時の石を扱う技術や能力の片鱗を感じられる遺跡がいくつか残っている。

巨石を積み上げた場所以外に、世界的にも珍しい造形がある。

マヤ文明で有名なチェチェンイッツアにあるククルカンのピラミッドは、春分と秋分の日にピラミッドの階段に蛇の影が表れることで有名で世界中から観光客が訪れている。

足摺にはもっと古い時代の春分と秋分の日の光を使った、とんでもない自然（に見える）構造物がある。

春分と秋分前後の夕日によるイベントは「トオルマの夕日」と呼ばれているのだが、海に大きく突き出た崖の水際に空いた奥行き80メートル、高さ4メートルほどの穴に、春分と秋分の前後、1週間ほどだけ、夕日が差し込み、穴の反対側まで光が通り抜けるのを見ることができる。

その光は、春分と秋分の日に最も長く通り抜けるよう設計されている。

大学教授に調査を依頼して自然にできたものだと言われているようだが、自然現象で説明するには無理があるだろう。

現代では、想像もできない方法で、縄文時代に作られた遺跡であり、どうやって作られたのかもわからないという点で、チェチェンイッツアのピラミッドに比べると、はるかに価値があるもののように感じる。

興味のある方は一度見に行ってみられても良いのではないだろうか。

ちなみに、巨石を含めて足摺エリアをパワースポットとして見に行く人が居るようだが、それはあまりお勧めしない。

◆宇宙語を話せる人達が危ない

先でも触れたが、時々宇宙語を話せる人と会うことがある。

随分以前だが、フィリピンかどこかの宇宙語を話せる人が日本に講演に来た時に、７００人もの宇宙語を話せる人が集まったと聞いたことがある。

そこから考えると日本には数千人は宇宙語を話せる人がいるのだろう。

スピリチュアル業界では、宇宙語を話せるという事は、何か素晴らしいことのように思われているようだ。

ちなみに、宇宙語を話せる人の中には大きく二種類ある。

一種類は、意味はよくわからないけれど宇宙語を発音できる人、もう一つは宇宙語の意味が分かって、翻訳・通訳できる人の二種類だ。

意味がわからないけど宇宙語が話せる人は、単純に宇宙人にとり憑かれている人だ。宇宙人に音声器官を貸している状態と言える。

宇宙語の意味がわかって翻訳できる人も宇宙人にとり憑かれているのは同じなのだが、こちらの人は少し能力があるので、宇宙人とコミュニケーションが取れる。

このタイプの人達は、宇宙人だけでなくいろいろな存在と話したりできるはずだ。

ただ、宇宙語を話す必要性というのは、実は全然無い。

人間が宇宙人なりその他の目に見えない存在達とコミュニケーションを取る時にはテレパシーを使うので、言語は全く関係無い。

私達が目に見えない存在達と話す時は、相手がどんな存在であれ、普通に日本語で話しかける。

テレパシーは、思念のエネルギーそのものをやり取りするので、日本語で話しかければ充分なのだ。

相手からのメッセージも、私達には日本語で感じ取れるし、母語が英語の人には英語で感じ取れるだけだ。

ちなみにスピリチュアル業界では宇宙人を私達より進化した良い存在だと考えているきらいがあるが、少なくとも、今人間にコンタクトをとっている宇宙人は、本来関わるべきでない相手だけなので、話す必要もない。

宇宙語を話せる人は、宇宙人にとり憑かれていることを認識して、できれば取っ払った方が良いとは思う。

直接的な被害を感じられない場合は、放っておいても仕方ないだろうが、人生において何か問題がある場合には早めに取ってしまう方が良い。

相手が何者であれ、とり憑かれて良いことが起こることはないのだから。

ただ、宇宙人をきちんと取れる人はほとんど居ないのが難点で、取ってくれるとしても、宇宙人より高い次元の別の存在の力を使って宇宙人を取ってくれる人だったりする。

この場合、取ってもらった後には宇宙人より次元の高い＝より強い別の存在が憑いてくるので、更に危なかったりする。

ところが、宇宙人を取ってくれるという人が何の力を使っているのかは、その人本人にもわかってない場合が多いので難しい。

今までの文明においては宇宙人や目に見えない存在達というのは、「あがめる対象」だったので仕方が無いのだが、少しでも早く、最低でも宇宙人レベルの存在達を扱える能力を開発した人が増えると良いのだが。

◆神や仏や場所に「呼ばれる」のは危ない

目に見えない存在達は、なぜか移動する際に人間という乗り物を必要とすることがある。

また、物理的に何かをしてほしい場合も人間を必要とする。

物理的に何かをしてほしい場合に人間を必要とするのは当然で、3次元の存在でない彼らにとって、3次元の物質を動かすことは非常にハードルが高いからである。

物理学でいう4つの力（127P参照）の内一番弱い力である重力を使って3次元の物質を動かすのはとても難しいことなのだ。

私がこの世界に入る前の事だが、巫女体質の友人が、よく色々な存在に呼ばれて色々な場所に行ったり、色々なことをしていた。

道もない山に呼ばれて行くと、小さな環状列石があって、その幾つかがずれていたのを直してあげた、オオヤマズミに呼ばれたんだ、というような話を良くしていたものだ。

本当の初心者の頃は私も何度か乗り物として使われたことがある。苦い思い出である。

◆寝なくても大丈夫なパワフルな人達が危ない

皆さんの周りにもたまにいると思うが、一日に3時間しか寝なくても全然平気で、非常にパワフルに動き回ることができる人がいる。

私も何人か知っているが、経営者の方も多くいた。

私自身のレベルが低かった頃には、すごいなぁと思って見ていたのだが、高次の存在を扱えるようになってから、なぜ寝なくても大丈夫なのかが分かった。

その中の何人かの人はセッションを受けに来られたのだが、その人に憑いている存在に、どんな影響を与えているのかを確認すると、この人にエネルギーを与えてパワフルに動けたり、寝なくても活動できるようにしているという。

場合によっては、ビジネス的に成功するように力を貸していたりもする。

憑いている存在を放っておくと、その人の魂も肉体も危ないので取るのだが、結果的にその人は普通の人間の体力に近い状態に戻ってしまう。

今までのように超人的な体力を使って動くことができなくなって数ヶ月は結構大変だったと

いう人も何人か居た。

超人的に動けるエネルギーを与えられていたとしても、肉体のほうは普通の人間の肉体なので、そのまま続けていると肉体に限界が来て、命を縮める事もあるので気を付けたほうが良い。

◆成功のために目に見えない存在達と契約してしまっている人達が危ない

目に見えない存在達と契約したり力を借りたりして、成功はするが、魂を売り渡したりとり憑かれることになってしまうケースが良くある。

ものは考えようで、今回の人生での成功を優先して、輪廻転生など気にしないという考え方であれば、そういう存在と契約して成功することも良いのだろう。

とはいえ、その人が契約したり力を借りている目に見えない存在達は、その人が成功して幸せになるために力を貸しているわけではないので、一旦成功はするが、最終的には失敗したり、病気になってしまったりする。

憑いている物に、「一生成功させるのか?」と問うと、ニヤリとして、「そこまではしない」というのだ。

私達が出会ってきた有名な戦国武将や成功した宗教家だったり、地位や名誉を得た歴史上の有名人だったりの霊達には、それぞれの望む成功のために神や仏と名乗る存在や悪魔や魔物に力を借りようと契約したりして、引き換えに成功した者達が沢山いた。

ただ、結果的に魂を売り渡してしまった人達の多くは、自分自身の魂を売り渡すことになるとも知らず、場合によっては周りにいた宗教家や神官・巫女、陰陽師の助言に従ったり、その人達に依頼をして目に見えない存在達の力を借りて成功を得たりしている。

これは何も昔の話ではなく、現代の経営者や政治家なども同じである。

神や仏を名乗る存在や悪魔や魔物の力を借りて成功している人達も沢山見てきた。

ほとんどの宗教家や陰陽師、神官・巫女・霊能者は、力を借りようとしている目に見えない存在達が本当に神や仏なのか、神や仏を名乗っている存在なのか、天使なのか天使の姿を見せている悪魔なのかなど、相手の正体を知る能力を持たないのが辛いところだ。

●事例：人を呪わば穴二つ＝目に見えない存在達の力を借りる危なさ

以前、オリンピックのフィギュアスケートで、金メダル候補の日本人選手が1日目のショートプログラムで大失敗した事を覚えている人もいるだろう。

ニュースで見た瞬間、「金メダルを争っていた選手を応援している人が呪いをかけたな～」と分かった。

もう一人の先生に電話して「これ、やっていますよね」「取っておきましょうか」と話して、日本人選手に憑いている存在を取っておいた。

翌日のフリープログラムで日本人選手は最高得点を出すことになる。

呪いをかけるというと、昔の話だと思っている人も多いかもしれないが、実は現代でもレベルの高低はあるが、普通に行われている。

オリンピックの例では、呪いを依頼した人と、術者が居るはずだが、その両方共がその存在と契約を結んだことになる。

契約を結んだ相手にもよるが、呪いをかけるということは、多くの場合自分自身の魂を対価として黒い存在に売り渡すことになるので、知ってか知らずか、とんでもないことをしている。

「悪魔に魂を売り渡す」というやつだ。魂を売り渡せば二度と輪廻転生に戻れなくなる。

このように、先でも触れたが「人を呪わば穴二つ」という諺は本当なのだ。

何も知らずに、相手を蹴落としたいと術者に頼んでいる依頼人もそうだが、術者自身もまさか自分の魂が危ういと思ってもいない。

契約によってとり憑いた存在は、魂を売り渡すレベルの契約でなかったとしても、輪廻転生してもその人にずっと憑いてくる。

人を呪わば穴二つというが、穴は2つどころではないのである。

●事例：巫女の呪い

セッションを受けに来た人で、８次元クラスのやばい物に攻撃されている人がいた。憑いている物に「いつから、なぜ、この人に憑いているのか」を確認したところ、数百年前から憑いているという。

なぜ憑いているのかを問うと、人間との契約でこの人に憑いているという。人間に頼まれて憑いているからには、その存在だけを責めるわけにもいかないので、契約した人間を呼び出すことにする。

出て来たのは魔物のような黒い存在だったが、人間を呼び出しているはずなので、覆っている黒い存在を取り払うと女性が出て来た。

おまえは誰で、なぜ魔物にこの人を攻撃させているのかを問うと、当時この人と巫女仲間だったそうだ。

セッションを受けに来た人の当時の巫女としての能力に嫉妬して、自分の巫女としての力を使い、高次元の魔物を使ってこの人に呪いをかけたという。

呪いをかけた巫女に、「魔物に依頼するという事は、契約により魂を売り渡すことだとわかっていたのか」と尋ねると、「わかっていたが、それよりも嫉妬の方が強くてやってしまった」

という。

このケースでは、先ず契約を解除する必要があるので、魔物の魂が生まれた時の本来の状態に還して契約を解除する必要があった。

相手が魔物であっても、契約に従って魔物は何百年にもわたって仕事をしてきたのだから、一方的に契約破棄とはいかない。

魔物を還してやったそのあとで、その巫女を天国・極楽に帰してやるかどうかセッションを受けに来た人に相談して、返してやることにしたのだが、巫女だったころの妬みなどの想いを癒してから還す必要があるのでひと手間なのだ。

●読み物：アラジンの魔物がずっと憑いていたはなし

私自身の体験なのだが、過去に失敗したことを、どうしても何度も思い出してしまい、嫌な感じが消えないという問題があった。

それぞれの体験も癒しているし、その時の想いや感情も解消しているのに、何度も思い出してしまう。

ある時原因を詳しく見ていくと、アラビアン・ナイトのランプの魔人が出て来た。

何故、何時から憑いているのかなどを問うと、どうも当時の私はアラビアン・ナイトに出て来るアラジンのように、ランプの魔人に力を借りていたようで、魔人曰く「いい思いも沢山しただろう」という。

当時は良い思いもしたようだが、その対価として、それ以降今回の人生まで、ずっと魔物にとり憑かれて、失敗を何度も思い出してしまう経験をしていたことになる。

魔人を還してこの件は終わるのだが、目に見えない存在達の力を借りると、その人生だけでなく、魂が輪廻転生しても、ずっとその存在は憑いてきて、ずっと邪魔をし続けることになる。

目に見えない存在達の力を借りるのはやめておいた方が良いと感じた実体験だった。

◆目に見えない存在達の力を借りるリスク：天気の子、天気の巫女のはなし

「天気の子」という映画で、天気をコントロールする力を持つ女子が主人公の一人として描かれていた。

現代の世界でも天気をコントロールする力を持つ人はある程度いるので、そんなに珍しい訳ではない。

天気の子で僧侶が天気の巫女は対価として命を取られるという趣旨の発言をしていた。

映画では、龍に天上界に連れて行かれた女の子を男の子が救出に行くのだが、実際に龍の力

を借りていたとしたら、肉体ごと別次元に連れて行かれるのではなく、魂を連れて行かれて、肉体としては死んでしまう事になる可能性が高い。

実際に天気をコントロールする力を持つ人は、多くの場合、龍の力を借りている。本人が意識的に契約して力を借りているかどうかは別だが。

龍が憑いている場合に、龍を取るのは簡単なのだが、力が欲しくて龍と契約している人が龍を取るには、先ず力を失うことを受け入れてから＝契約を解除することを決めてからでないと龍を取ることは出来ない。

力は失いたくないが龍は取ってほしいと言って来た人が居たが、それは無理である。

目に見えない存在達との関係というのは、まず力を借りること自体をやめる決意が必要となる。

特に契約までしていると、契約内容の確認→力を借りていた存在を還す＝契約の解除というプロセスが必要になるのだ。

●解説：天気のコントロールについて

さて、「天気の子」では、関東に超巨大低気圧が停滞して東京が水没することになっているのだが、実際の世界では低気圧が一カ所にとどまることは無いだろうが、台風などには目に見えない存在達が介入していることがよくある。

台風に関わっている目に見えない存在達には、人を怖がらせるために危険をあおるだけの存在から、被害が大きくなるよう台風の勢力を強めている存在までいる。

台風の場合は事前に予報が出るので、危なそうな台風は一応確認してみて、勢力を強めている存在が居たらそれを取って、「本来のレベルの台風」に戻しておいたりする。

地震については、友人から地震の情報が入った場合に、気になれば確認してみることはあるが、ほとんどの場合は、人間を怖がらせて恐れなどの負のエネルギーを餌にしている存在がデマを流している程度で、本当の地震の予兆だったことは無い。

ネットで地震の予言情報が沢山出ているらしいのだが、怖がらせて負のエネルギーを餌にしたい存在に協力するのが嫌な人は、ネットの情報をむやみに信じたり拡散しない方が良い。

特にあなたがアセンションを迎えたいと望んでいるのであればだ。

◆自動書記や降ろす・降りて来るが危ない

予言という形であったり、誰かが神や仏やその他の存在からのメッセージを書き記したものが、古来より沢山伝わっている。

また、現在でも神や仏を降ろすと言ってる人達、誰からかは別として降りて来たメッセージを文章にしたり、書き降ろしたり、人に伝えたりしている人が沢山いる。

占い師の中にも降ろす系の人が結構沢山居る。

中には、未来を予言して、それがいくつか当たっていたりする場合もあるので難しいのだが、前にも触れたが「3次元の人間には未来を教えてはいけない」という宇宙の基本法則がある。

3次元では時間は一方向に流れているので、未来は教えてはいけないのだ。

なので、未来のことを教えてくれる存在が居たとしたら、その存在はやってはいけないことをしている存在であるという前提に立つ必要がある。

宗教でも古文書でも自動書記で書かれた物や、降りてきたとか降ろしたと言われるものは当然、教えてくれる相手が居るわけで、その相手がどんな存在であり、何を目的としているのかをきちんと把握しておくことが非常に重要になる。

相手の正体やその目的を突き止められないならば、そのメッセージを有り難がったり人に伝えるのはやめておいた方が良い。

善意で、良き物からのメッセージを伝えているつもりでも、実はヤクザやマフィアの片棒を担いでしまっていることになる可能性が高いからである。

膨大な数の目に見えない存在達と関わり、目的を確認してきた経験から、残念ながら人間に関わってくる存在とその目的が善良であった試しがない。

アセンションが少しだけ近づいてきた今、目に見えない存在達と対等またはそれ以上の次元の能力を開発できて、人間に関わってきている目に見えない存在達の正体とその目的を確認できる人が徐々に増えてきてもおかしくない時期に来ている。

まずは大谷選手の言う「あこがれるのをやめましょう。超えるために」を意識して、スピリチュアル業界としては「**あがめる（崇める）のをやめましょう。同等またはそれ以上のレベルになるために**」を実践してゆくことが必要である。

そのために必要な「次元の能力の開発」については第7章で触れることにする。

次元の能力を開発していない段階では、降ろす・降りて来る物を伝えている人は、最低限、その存在の本質を突き止め・その目的をきちんと把握する必要があると意識することが重要である。

◆祝詞やお経、マントラ、呪文などが危ない

それぞれの宗教やセラピーなどには、祓うとか、憑いているものを取るとか、成仏していないものを返すために、それぞれのやり方・ノウハウがある。

お経とか祝詞とかマントラなどの色々な言葉や方法論で悪いものを退治しようとしたり、残っている霊を返そうとする。

憑いているものを取る時、本来はその術者、つまり神官なり僧侶なり牧師自身の能力をもって排除すれば良いのだが、今までの文明においては残念ながら本当の能力を開発する方法論は確立されていない。

そのため、それぞれの祝詞やお経やマントラなどが繋がっている、目に見えない存在達の力を借りて、祓う・取り除くということをやってきたのだ。

例えば5次元の悪魔がとり憑いているとすると、6次元以上の存在に頼めば追い出すことは可能だ。

祓う・取る人達が力を借りている6次元以上の存在が、黒いものか白いものなのか分かっていない場合は、悪魔は取れるが、もっとややこしい黒いものを憑けてしまうということが起こる。これが難しいところである。

祝詞やお経などが誰の力を借りれるものなのか、その相手は本当はどんな存在で何を目的に力を貸してくれているのかなど、本当のところは術者の人も分かっていないことがほとんどなのである。

◆お札やお守り、お経、お祈り、マントラがなぜ効果があるのか

私達は何か実現したいことがあったり、困ったことを解決したいときに、神社やお寺にお参りに行ったり、祈禱を上げてもらったりする。

または、お札やお守りなどのグッズを買ったりする。

お札やお守りが何で効くかというと、神または仏と呼ばれるものとのリンクが貼ってあるからだ。

お札、お守り、祝詞、お経、梵字など、書いたり印刷されたものはURLである。

私の知り合いの古神道の人は、見たこともないような文字や図形で、手書きの護符をつくっていた。

これは○○の病気に効くとか、これは体のどの部位に効くとか、人間関係・仕事・金運・恋愛だとか、何だかんだで、100種類以上はあったろう。

護符に書いてある文字・図形は一個一個がURLであり、繋がり先が違うのだ、それが神なのか、宇宙人なのか悪魔なのか妖怪なのかは別としてだが。

それを人々はありがたく買っていく。

リンクがきちんと貼れていれば、その存在はいつでも来てくれる。

さて、お守りやお札、祝詞やお経に本当に効果があるかどうかは、それぞれに書いたり印刷してあるＵＲＬに、ちゃんとハイパーリンクが貼れているかどうかにかかっている。

ハイパーリンクを貼るのは、神社なら神主、お寺なら僧侶の、祝詞や祈禱によるのだが、一人一人の能力によってハイパーリンクを貼ることが出来る人とできない人が居る。

神主や僧侶の能力次第なのだ。

ハイパーリンクを貼る能力は生まれつき持っている能力の場合もあるが、修行によってその存在と繋がり、（とり憑かれ）ハイパーリンクを貼れるようになっているケースも多い。

ハイパーリンクを貼る力を持てたとしても、問題なのは、ハイパーリンクを貼る相手が何者なのか、何を目的としているのかを見極めることは全く別の話であるという事だ。

逆に言うと、ちゃんとハイパーリンクが貼ってあるものほど危ないとも言える。

ちゃんと鬼が来る、妖怪が来る、宇宙人が来る、悪魔も来ることになるからだ。

そういう観点では、ただの印刷物のほうがましだとも言える。

良かれと思ってではあるが、神や仏だと思ってＵＲＬを書いたり、ハイパーリンクを貼っているること自体がリスクだったりするのだ。

ちなみに、願いをかなえてくれる存在については、効果のあるもののほうが、危ない確率が高い。力の強いものと繋がれば、それだけ取り込まれて、逃げられない。

まず一時的に望みをかなえて、後で利用されることになる。

一度でもヤクザに何かを頼むと、問題は解決してくれるが、その後ずっと弱みを握られて、食い物にされるようになるのと同じである。

●事例：神との繋がりを求めて大変な人生を送る人達

神事だったり目に見えない存在達の要望に応えることに人生を捧げて、大変な人生を送ることになった人を何人も見て来た。

ある巫女体質の人は、10代から神ごとに関わり始め、20代の一時期、8次元クラスのちょっとレベルの高い存在と繋がることが出来たようだ。

その時は、地球や世界を上から見ている感じで、「全能感」を感じていたという。

自分が神になった感覚である。

その人は少ししてその状態から外れてしまうのだが、それ以降の人生は、「あの時の感覚に戻りたい」と、更に神事に積極的に参加したり、人生に彷徨うことになってしまった。

その人の体験は、ある意味、神事をしている人達や宗教家の人達が望んでいる到達点と言えるだろう。

多くの人は神や仏との繋がりや一体感を目指して、神社を回ったり、色々な修行をしたりしている。

相手が本当の神や仏ならば良いのだが、神や仏を名乗る存在に過ぎない物に取り込まれると、普通の人生を送ることが出来なくなってしまうことがあるのだ。

場合によっては意識しないうちに魂を売り渡してしまうことになり、輪廻転生できなくなる可能性まである。

また別の人は10代の終わりに神の声を聴けるようになるトレーニングを受けたという。

神と繋がって神の声を人に届けたりしてきたそうだが、その人の人生自体は、職場でのいじめで職を失ったり、夫からのＤＶ、離婚など、伺っただけでも壮絶な人生であった。

神の言葉を人々に伝えていると信じている人は、こんな理不尽な人生を送ることになること自体がおかしいとは気づかない。

宗教者からは神から授けられた、ありがたい試練であり、あなたは神のもとに行ける等と言われているのだろう。

この人の場合は、神と名乗るものの正体を見せてあげてから取っておいて、これからの人生を改善するために、次回の予約をされたのだが、帰ってから同じトレーニングを受けて神の声を聴ける人達と話したら、私が怪しいと言われたと言って、次回の予約を断って来た。

これは当然である。

繋がっていた神と名乗る存在からすれば、自分の声を聴けて、とり憑く人を増やしてくれている人を手放す訳はない。

目に見えない存在達と繋がるというのは本当に難しいものなのだ。

また、世の中の立て直しのためにと、繋がった存在の指示に従って全国を回っている人に出会ったこともある。

繋がっている存在を呼び出してみると、近代の宗教の創始者であった。

宗教の創始者であれば当然天国や極楽に帰っていないと宗教の教義に反することになると思うのだが、なかなか難しいようだ。

この人にも繋がっていた存在を見せて、霊も返しておいたのだが、その人自身はまた新しい繋がり先を見つけてか（新しい繋がり先に見つけられてか）、修行の旅を続けているようだ。

これらのケース以外にも、スピリチュアルであったりヒーリング系であったり、以前繋がっていた存在との繋がりに戻る人達を見て来た。

何かを信じているということは、それに付随する人間関係も同時にあるので、それを含めて手放して前に進むというのは大変な事なのである。

●事例：天皇家の辛いところ

実際に沢山対処してきたので言えるのだが、神や仏を名乗る存在や目に見えない存在達の力を借りて来た最大の経験者の一族は日本では天皇家だろう。

ある会に入ったことによって、毎月京都に通うことになった年がある。

新年会が御所の近くのホテルで開催されたので、その時初めて御所に行ったのを皮切りに、せっかく京都に行くので、時々会の前にあちこちを歩いたりしたのだが、なぜか行く先々で何人かの天皇を祀った神社やお寺に遭遇する。

残っている天皇の霊を何体か見つけてしまうのだが、憑いている存在達を取ってからでないと天国・極楽に還せないのでひと手間だったりする。

権力闘争の場だったので、御所の中にも色々残っていたりして、一通り掃除することになる。

その年の終わりに忘年会が二年坂近くで行われたのだが、帰りに歩いていると崇徳上皇を祀った神社に行き当たってしまった。

崇《たた》るくらいだから残っているし、恨みを晴らすために頼んだ存在も憑いているので、魔物と崇徳上皇の霊を還して、1年間の天皇家がらみの京都の簡単な掃除が終わることになった。

天皇家にはトップレベルの陰陽師や神官や僧が関わってきたはずなのに、代々の天皇などが神や仏を名乗る存在や目に見えない存在達に力を借りてしまい、その者達への対価として、

「祭祀」という形でずっと貢ぎ続けなければならない状態になってしまっている。

天皇が直接かかわるもの以外にも膨大な祭祀をし続けなければならないのが現状である。それぞれの目に見えない存在達より高い次元の能力さえあれば、存在達を還したり、契約を解消して、「要らない祭祀」をしなくても済むようになるのだが、天皇家に関わってきた能力者・宗教者に限らずだが、今までの全ての文明における目に見えない存在達を扱う能力の限界を示している。

◆修行・難行・苦行で神や仏と繋がれるのか、悟りを開けたり解脱できるのか

仏教に限らず色々な宗教において修行や難行・苦行が行われているが、結果はその人達が望むものになっているのかが問題である。

前提の問題になるが、それぞれの行で繋がろうとしている存在が本物なのか、神や仏を名乗るだけの存在なのかが根本的な問題なのだが、ここではそれは置いておこう。

修行・難行・苦行は、顕在意識や思考を働きにくくして目に見えない存在達と繋がる能力を開発しようとするものが多い。

肉体を限界まで追い込むことやお経や祝詞などを際限なく続けることなどで顕在意識や思考

を止めようとしている。

多くの場合、神や仏を名乗る存在達が見えるようになったり、繋がれるように、難行・苦行をするのだが、逆に顕在意識や思考が働かなくなることによって、危ない存在と繋がったり入り込まれる確率が上がってしまう。

また、中には目に見えない存在達を扱う・対処する能力を身につけるための修行的なものもあるようだが、今までの文明における目に見えない存在達を扱う方法論は、分かってやっているかどうかは別として、「相手より次元の高い存在の力を借りて対処する」ものなので、より力の強い危ないものに憑かれてしまうことになる。

例えば、とり憑かれている人を助けるのに、自分が繋がっている、より次元の高い存在の力を借りれば、取ってあげることはできるのだが、自分が繋がっている存在と相手を繋げることになる。

自分が繋がっている存在を、神だったり仏だったり、高次の善なる存在だと思っているが、その正体を本当に知っている人はまずいない。

鬼の力を借りて（自分の身を鬼にやつして）町の危機を救ったという人が居たりするが、鬼の力を借りて災厄を祓うということは、鬼を憑けることになるし、自分の魂を鬼に売り渡すことになるだけだ。

生まれつきのその人自身の能力で霊などを取ることが出来る人は少ないが存在はしている。

だが、自称でなく、本物の能力を持っている人に出会う確率は非常に低いのが辛いところだ。

◆８次元クラスの存在になると影響の度合いが大きくなる

地球を侵略したいと思っているのは宇宙人だけではない。「神」や「仏」を名乗っているのは、大概宇宙人や妖怪の６次元～７次元の存在なのだが、中には８次元の存在もいる。

８次元の存在になると、扱える人は世界でも本当に少数の能力者しかいない。

私達が扱う存在でも、人間に憑いている存在の多くは宇宙人や悪魔なのだが、その上司や派遣元を呼び出すと８次元ぐらいの存在であることが結構ある。

ちなみに、８～10次元の存在は、映像的なキャラクターとしては「ダースベーダー」や「ヨーダ」「大きな悪魔」などとして見えたりする。

●事例：何度も沢山の人が亡くなる場所

大阪城の横の大川に居た８次元の魔物を上げたことがあるのだが、その存在がその場所に居たことで歴史的に何度も大きな影響が出ていた。

最初の大きな影響は、石山寺と織田軍との戦であり、壮絶な戦闘が繰り広げられ、膨大な死者が出ている。

次は秀吉の死後の大阪夏の陣、冬の陣でも沢山の死者が出ている。

最近では第2次世界大戦末期の大阪空襲で、大坂被服工廠で沢山の死者が出ている。

この8次元の魔物が居たせいで、大阪城近辺で何度も膨大な死者が出ているのだ。

逆に、魔物自身も膨大な死者の霊をまとってしまい、動けなくなって、ずっと川にいたとも言っていた。

このように、8次元など次元が高い存在は与える影響が大きい。

8次元クラスの魔物になるとそれなりの力を持っているので多くの人の命にかかわることがあるのだ。

本章の後半では、なぜ目に見えない存在達との関わりが危ないのかについて具体的に説明してみる。

◆なぜ危ないのか？　未来を教えてはいけないという宇宙の法則（3次元において）

昔、私のレベルがまだあまり高くなかったころ、マヤの暦が終わる＝どんな出来事が起こって文明が崩壊するかを見せられて、文明の崩壊が人類の滅亡に至らないよう、世界や宇宙のために何をすれば良いのかなどを教えられて行動していた時期があった。

それ以外にも、こうすれば必要な人達と繋がるとか、行うべきことを教えられて行動していた。

ところが、行動レベルの内容については、結果が見せられたり言われた通りになって上手く行ったためしがなかった。

私の母親が死んですぐのころ、母親から、「あんた、これから大変だね」と言われ、「何が起こるの？」と聞いたら、「それは言ったらだめなことになっている」と言っていた。

これまで何度か述べているように、宇宙の法則として、時間が一方向に流れる３次元の地球においては未来のことを教えてはいけないことになっている。

だが、人はどうしても未来のことを知りたい存在である。

そのため未来を教えてくれる人や存在、占いなどを望む。

未来を教えてくれる霊能者や占い師、未来を見れるという能力者などは沢山いる。

ところが、その人達自身も気づいていないのだが、彼らに未来を見せている・教えている存在が居る。

占いで言えばカードやお札やグッズを引かせたり、占星術だったり占いの本の中からある部分を選ばせたりしているのもその存在だ。

彼らは未来を教えてはいけないという宇宙の法則を破っている存在達である。

未来を当てないとその人が流行り、自分の勢力が拡大できないので、全部外すことはない。

7割は当たるが、重要な3割は外したりするのだ。

また、その人の人生の計画とは違う方向性に進むように誘導することも多い。

3次元的な成功を目指す人は、そういう人や存在と繋がることで金儲けが出来たり成功できたりする。

私が最初の頃に沢山失敗してきたから言えるのだが、結局、未来を予言してもらっても、その情報源の精査が出来ない。

伝えている人は言われた通り感じた通り伝えているだけだ。

「降ろしたものは素晴らしい」という前提に立っているが、その前提が間違っている。

宇宙の法則に反することをしているアウトローから未来の予言を聞くということは、ヤクザやマフィアのアドバイスに従っているのと同じことになる。

それに従って生きるという事は、生まれてくる前に計画した自分の人生を生きることからは外れてしまうのだ。

時間が一方向に流れている3次元は、あくまで本人が選択して課題を越えていくこと、未来を知らないことが大前提の世界である。

もし、アセンション後の世界が5次元や6次元になったら、時間が一方向に流れているのではなく、未来が分かるようになる可能性はある。

もしそうなったら、未来が全部タネ明かしされてしまって、我々は、今度は時間という軸ではない何かで悩むことになるのだろう。

それこそ未来は教えてもらえないから、アセンション後の世界がどんな世界になるかはわからない。

3次元の世界が予言どおりになれば、必要な経験ができなくなることで、経験の質が下がるのは確かである。

●危ない理由1：人間が呼び出してしまっている存在達

セッションで宇宙人が憑いていた時に、場合によってはとり憑いている宇宙人の母星の統治者を呼び出して、「何でこんなやつらを地球に来させてるのか！　ダメじゃないか」と話をするケースがある。

母星の統治者は「ほんとは行かせたらダメなのは分かってるんですけど、幾ら呼び戻しても、人間が呼ぶからどうしようもないんです」という。

詳しく聞くと、例えばその宇宙人が神社に祀られている神様と呼ばれている存在の場合だと、人間が神社で「神様〜」と祈ったら、母星から次元を超越して一瞬で地球に飛んで来ることになるそうだ。

古いマンガだが、ハクション大魔王が、「呼ばれて飛び出て…」というフレーズで出現していたが、あれと同じである。

統治者に対しては「そうなのか、それは人間のせいだから、逆に申し訳ない」「まあ、できるだけ出さないようにしておくれ」というしかない。

それ以降、セッションで憑いている宇宙人などの目に見えない存在達を見つけた場合には、母星に戻してもまた来ることになるので、その存在を生み出した大本の存在にアクセスして、魂として生まれた時の目的に立ち帰るよう更生させてもらうことにしている。

●危ない理由2：次元の能力の力関係

目に見えない存在達の本質を見極めることは、相手より高い次元の能力を持たない限り、完全にはできない。

相手より高い次元の能力をもって「本当のことを言いなさい」と言ったとき、相手は本当のことを言わざるを得ない。

これは純粋に次元の能力の「力関係」なのだ。

今までの文明でのスピリチュアルな能力開発とは、神や仏の声を聴きたい、繋がりたい、悟りたい、解脱したいなどのために、修行をしてきたと言える。

しかし、新しい文明への移行・アセンションを望む人は、今まで繋がりたいと思っていた神や仏を名乗る存在と同等またはそれ以上の次元を目指すので、今までの修行とは全く違う「能力」の開発を目指したトレーニングが必要になる。

その能力を本書では「次元の能力」と呼んでおり、その人の魂の本質的な能力を指している。

この次元の能力を開発し、相手より高い次元の能力を持った時に初めて、本当の審神者が出来ることになる。

本気で次元の能力を開発するということは、今までの文明で信じてきたこと、価値観を全て変えることを受け入れることが必要である。

そして自分自身の魂の本質的な能力を開発していくトレーニングが必要となる。

あなたがアセンションを望むのであれば、今まで自分が信じてきたことを全て疑ってかかり、真実を把握しようと努めることが最低限必要となるのだ。

それが今までありがたがってきたり、あがめていたものであったとしてもだ。

残念ながら、魂の能力開発なしには、今の時点で、見える・話せる能力を持っている人が、宇宙人や妖怪、魔物を問い詰めて、本当のことを言わせる能力を持っている可能性は低いので、なかなか難しいことである。

妄信するのをやめるだけでも、疑ってかかるだけでも、少しは違いが出てくるだろう。

●危ない理由3：力を借りるには対価が発生する

人間の世界と同じで、相手が目に見えない存在達であっても、力を借りるという事は、その対価が発生する。

神や仏だから無償で成功させてくれるという事は無い。

鋼《はがね》の錬金術師で言っている通りなのだ。

残念ながら、目に見えない存在達の力を借りる対価は、信心したり神社やお寺にお礼参りをしたり、賽銭や祈祷料を払うことではない。

その人の生命エネルギーや最悪の場合、魂が対価になってしまう。

ところが、成功のために力を借りようとする人も、仲介する宗教家や陰陽師、神官・巫女・霊能者・占い師なども、何かの力を借りるという事の対価として、場合によっては魂を売り渡すことになるという事を知らずにやっていたりする。

少なくとも相手が神や仏を名乗っていようとも、目に見えない存在達の力を借りるには対価が発生するという事、そしてそれは最悪の場合は魂を売り渡すことになり、輪廻転生のサイクルから外れて二度と生まれ変わることが出来なくなるという事を知っておいた方がよい。

中には悪魔や魔物と分かっていて力を借りる＝契約するケースもあるだろうが、多くの場合、相手は天使や神や仏だと思い込んで力を借りようとしている。

現在のスピリチュアル業界でも同じではあるが、今までの文明においては、目に見えない存在達の本当の姿とその目的を暴き出したり、更には憑いている存在を取る能力を持った人は稀であった。

特に８次元を超える存在になると対処できる人はほとんどいなかった。

現代でも８次元の存在達を見つけることが出来る人も稀であるし、見つけることが出来ても対処することができる人はほとんどいない。

ましてやそれ以上の次元になると見つけることも叶わず、対処などもってのほかというのが現実なのである。

●危ない理由4：なぜ宇宙人や目に見えない存在達の本質を見極め、来ている目的を知ることが重要だと言えるようになったのか

宇宙人や目に見えない存在達の本質を見極め、それぞれの存在が地球に来ているまたは、その人にアクセスしている目的をはっきりさせることが必要だと言えるようになったのは、私達が今まで行って来たセッションでの経験がもとになっている。

更に、膨大な目に見えない存在達とのコンタクトや会話、次元の能力を上げてきたプロセス、ダークな存在を感知できる能力などの総合的な知見と能力も裏付けとなっている。

私達プロジェクト・ユニバースは、悩みや問題を持っている人の相談を受けて、悩みや問題の「原因」を見つけて解消していくというセッションを30年近くしてきた。

高次の存在を扱う能力を開発して以降は、悩みや問題を聞いて、その原因を探し出していく中で、その人に宇宙人や目に見えない存在達が憑いているのを見つけることになるのだが、相当な比率で色々な存在が憑いている。

私達のところに相談に来られる人だから宇宙人や目に見えない存在達が憑いている比率が高いとも言えるのだが。

いずれにせよ、悩みや問題の「原因」を探し出していく中で宇宙人や目に見えない存在達が憑いているのを見つけた場合には、その人の悩みや問題の原因の1つがその憑いている存在な

ので、見つけたらまず「ここで何をしている！」と問いただすところから始まる。

詳しくは第5章で触れるが、憑いている存在がその人にどんな影響を与えているのか＝悩みや問題にどう影響しているのかを確認する。

それ以外にも「いつからここにいる！」「なぜこの人に憑いている！」「お前がいることでこの人にどんな影響がある！」など、幾つか問いただす。

実は問いたださなくても取ることは簡単なのだが、相談に来られた方にとって、「なぜ宇宙人や目に見えない存在達が憑いているのか」、「自分にどんな影響があったのか」、を知ってもらうことは、セッションの効果を体感してもらうことや今後の人生への指針としてとても役に立つからである。

宇宙人や目に見えない存在達を見つけた時に、なぜここに居るのかを普通に尋ねると彼らは異口同音に「この人を守っている」「手助けしている」という。

私達が悩みや問題の「原因」を見つけるプロセスで見つけた宇宙人や目に見えない存在達なので、いくら守っている、助けていると言っても無理がある。

「で、本当は何をしている！」と問い詰めることになる。

今でも、初めてセッションを受けられる方の場合は、少し時間をかけて憑いている存在と会話することで、相談に来られた人の理解が深まるので、詳しく問い詰めたりすることはあるのだが、何度か受けられている人の場合は、時間がもったいないので、相手と話すのではなく、最初から本当の目的を直接確認する。

目に見えない存在達とのコミュニケーションはテレパシーなので、次元の能力を開発すれば、彼らが嘘をつこうとしても、その本当の想いを直接確認できるようになるのだ。

◆祓うだけでは排除できない

また、宇宙人や目に見えない存在達が神や仏や天使を装っているのを見つけたとしても、ちゃんと排除できないとセッションにならない。

神道で「祓う」という表現を使うが、その人に憑いている存在をただ祓っても、その存在は一旦どこかに行くだけで、また戻ってくることもできるし、また別の人に憑くこともできる。

祓うのではなく、その存在が宇宙に生まれた時の目的に立ち返らせる＝更生させることだけが本当の解決になる。

また、目に見えない存在達がなぜその人に憑いて来たのかの原因を探ると、その人自身の今回の人生や過去世でのトラウマになった出来事や心や意識に残っているダメージが影響しているケースがほとんどだ。

このトラウマやダメージを解消しておかないと、一旦憑いている存在を取っても、また別の存在がやってくることになる。

このようなセッションを膨大な数経験してきた結果、「宇宙人や目に見えない存在達が人間の役に立つ・良いことをするために来ていることは無い」のを理解し、相手の本質を見極め、来ている目的を知ることが重要だと分かるようになったのである。

●危ない理由５：アセンションを餌に人間に関わってきている宇宙人達

プレアデスだとかシリウスだとか、他にもたくさんの星から来ている宇宙人がいるようだが（興味が無いので詳しくは知らない）、いずれにせよ膨大な種類の宇宙人が地球に来ていて、スピリチュアル業界の人を含めて多くの人に関わっている。

宇宙人がなぜ地球に来ているのか、人間に関わってきているのかを考えたことはあるだろうか。

一般的に宇宙人は「アセンションできるようサポートするために来ている」とか、「地球を救うために」とか、「人類を救うために」とか言って人間に関わってくる。それが本心かどうかは別としてだ。

なぜ宇宙人が地球に来ているのかの理由の一つを説明しておこう。

地球の環境破壊がこのまま進んでいって、人間が住みにくくなってしまったり、社会が不安定になり世界が危うい状態になっているのを想像してもらうといいのだが、地球にやってきている全ての宇宙人の、もと居た星（母星）は、環境破壊や社会不安で大変な状態になっている。

3次元の地球より進んでいるはずの6次元や7次元の彼らの文明なのだが、実は母星の状況は非常に厳しい。

地球は遅れているせいもあるが、これでもパラダイスなのだ。緑はいっぱいあるし、水もいっぱいある。

「宇宙にこんなきれいなところはない」と、宇宙人をはじめとした目に見えない存在達は口をそろえて言う。

地球が羨ましくて仕方ないのだ。

だから、もとの星で食い詰めた者達、犯罪者などが、どうせ行くならパラダイスである地球に行こうぜという感じで来ている。

「次元の低い文明には介入してはならない」という宇宙の法則を破って人間に関わってきている宇宙人は「アウトロー（法律を踏み外した存在＝無法者）」である。

マフィアや、ならず者が地球の人間にコンタクトをとるときに、「実は地球を乗っ取ってやろうと思って来ているんだ」とは言わない。

「あなた達3次元の星がこれからレベルを上げていくために、私達は協力します、みんながよくなるように、宇宙全体もよくなるようにしていきます」という。

無法者が言っていることを信じている限りは、どうにもならない。「何しに来た！」「本当のことを言いなさい」と言える力を持つしかないのだ。

●危ない理由６：なぜ宇宙人や目に見えない存在達は地球の人類のアセンションに関わろうとしてくるのか

今の世界でも、（4次元の）霊が見える人は、2％から3％という結構な割合でいるのではないだろうか。

見えている人達がそれをカミングアウトしているかは別としてだが。

また、5次元や6次元の存在が見えたりコミュニケーションが取れる人も4次元が見える人よりははるかに少ないが、それでもある程度存在している。

もし人類がアセンションして、5次元とか6次元の存在になったら、6次元の宇宙人や今は目に見えない存在達は人間と同じ次元ということになって、3次元の人類が動植物などの地球上の生き物と接しているのと同じように、ごく普通の存在になる。

更に、今の世界で5次元や6次元の存在が見えたりコンタクトが取れる人が居るのと同じように、一定の割合で、より高い7次元や8次元の存在が見えたり、コンタクトを取れる人も出てくるであろう。

そうなった時の、宇宙人や目に見えない存在達との関わりを想像してもらえれば分かるのだが、今まで人類が地球上に生まれてから延々と、神や仏を名乗ってきた存在や宇宙人や目に見えない存在達が、人間にその姿が見えるようになり、普通にコミュニケーションが取れるようになってしまうと、「神様・仏様だと思っていたのに、なんだ宇宙人だったのか、妖怪だったのか」「天国・極楽に連れて行ってくれると言ってたけど、全然違うじゃないか」「地球を救済するとか言ってたけど、植民地化しようとしてたのか」ということになってしまう。

宇宙人や目に見えない存在達は今までのように人間をだましてコントロールできなくなってしまう。

ものすごくやりにくくなるのだ。

幾ら天使や神や仏の姿に見せようと思っても、本体の姿がそのまま見える人が増えてくると、だませなくなる。

また、うまいこと言葉でだまそうとしても、次元の能力が彼ら以上の次元に到達した人が、テレパシーでコミュニケーションが取れるようになると、だますことが無理になる。

ということは、宇宙人や目に見えない存在達にとって、**「地球や人類のアセンションはリス**

ク以外の何物でもない」のだ。アセンションしてもらうと困るのだ。

だからこそ、自分達が介入することによって、アセンションさせないことをもくろんでいる。

その証拠に、「アセンション」という言葉が有名になってから何十年かたつが、全く進んでいない。

いろんなメッセージを上から降ろす人達が、「今年は・今月は、宇宙の・地球の波動が上がっていきます」「皆さんの意識が上がっていってこうなります」「今年の何月から地球の波動が上昇してこうなります」「今年は大変革の年です」と、何十年もずっと本に書いたり毎年毎月ブログやメールに書いたり、メッセージを発信しているが、世界は悪くはなっていても、いいようには変わっていない。

メッセージを伝えている宇宙人や目に見えない存在達にとってアセンションはリスクでしかないゆえに、アセンションを餌に人間の意識のレベルアップを邪魔しているのだ。

地球全体は非常にゆっくりではあるがアセンションの方向に進んでいるのだが、宇宙人をはじめとする目に見えない存在達がスピリチュアル業界や宗教界の人間を通じてアセンションを止めようとしているのが功を奏して、随分と遅れてしまっているのである。

◆アセンション後の世界はパラダイスなのか

３次元の人間に未来を教えてはいけないので、私達もアセンション後の世界がどうなるのかは知らないのだが、６次元の宇宙人の母星の状況を見聞きしている範囲では、６次元７次元の世界は決してパラダイスではない。

例えば、今の世界は、１００年前に比べると科学技術という面では想像を絶する進歩を遂げてはいるが、戦争や犯罪が減るわけでもなく、人類が１００年前より幸せになっているとは言えない。

アセンション後の世界も同じで、次元が上がったとしても、それだけで素晴らしい世界になるとは限らないのだ。

宇宙人から「アセンション後の世界はこうなる」「素晴らしい世界になる」と聞かされている人も多くいると思うが、その宇宙人自身の母星がパラダイスではないのだから、眉唾物《まゆつば》だ。

ただ、「地球・人類が良い形でアセンションすることができたとしたら」だが、その結果、宇宙全体に良い影響が出て、宇宙人達の母星の状況も改善していく可能性は高い。

また、一人一人にとって重要なことは、地球・人類のアセンション自体は、宇宙の流れの中で起こってくるので、時間はかかっても徐々に進んで行くだろうが、一人一人はどうやって進んでいくかを自分自身で選ばなければならない。

6次元の怪しげな存在に導いてもらうのか、自分の真のサポーターに導いてもらうのかを選ぶ必要があるのだ。

詳しくは、第6章、第7章で触れよう。

●危ない理由7：たかが6次元、宇宙人を盲信しない、あがめない、ありがたがらない

特にスピリチュアル業界では宇宙人が好きな人が多いので、宇宙における宇宙人の位置付けについて説明しておこう。

多くの宇宙人は6次元から7次元の存在である。

講演やセミナーでは人間の子どもの年齢に例えて説明するのだが、人間は3次元なので3歳児、6次元の宇宙人は6歳児となる。

3歳児は幼稚園の年少で、6歳児は小学校に上がったところと考えよう。

○○小学1年生の○○星の宇宙人は、地球幼稚園にやってきて、「小学校というのはすごいところなんだ。オレ達の言うことを聞いたら小学校に入れるようにしてやる」と言って、3歳児の地球人にいろいろ教えてくれる。

6歳児（6次元）の宇宙人にとっては小学校が世界（宇宙）なのだが、宇宙はそこから上の次元が果てしなくある。

小学1年生に、高校、大学、社会人の話をしても分からないように、6次元の宇宙人にとっては、人間が3次元の事しか知りえないのと同じで、6次元までの宇宙が全てである。

宇宙人は6次元レベルのことしか知らないのだが、3次元の人間から見ると、「すごい」ということになる。

6歳児から見れば3歳児をだますのは赤子の手をひねるようなものだ。

もしあなたが、アセンションを望むのであれば、アセンション後に同じレベルになる宇宙人とコンタクトを取ろうとするのではなく、さらに上の次元の存在とコンタクトを取れたり、宇宙人の本来の目的を問い詰める能力を持てることを目指した方が良い。

そのための能力開発のトレーニングについては第7章で触れよう。

●コラム：神話・伝説・伝承・故事・伝記

歴史上、人々が神や仏として繋がりを持ってきた目に見えない存在達は、基本的には6次元、最高で8次元の存在達である。

例えば日本で「ギリシャ神話」と呼ばれているものは、直訳すると「天空人の話」という表題だったはずだ。

日本語に訳すときに「ギリシャ神話」という神の話にしたのである。当時、天空人が見えていた人が、天空人はこんなことをしていたというのを書いたのが「ギリシャ神話」である。

ギリシャ神話の神々は非常に人間臭い。

嫉妬や恨み妬みなど人間と変わらないのは、見えていた宇宙人のレベルがそんなものだからだ。

人間にコンタクトを取ってきている6次元や7次元の宇宙人は、いかにも自分達の世界は素晴らしくて、地球がそんな素晴らしい世界になるようにサポートするなどと言っているが、彼らの実態が神話レベルだとすると、素晴らしい世界にするというのは誇大広告になる。

日本で言うと「古事記」なども同じだ。「古事記」は、強引に天皇の祖先をアマテラス（太陽神）の子孫ということにしたが、こちらに出てくる神々も非常に人間臭い。

ちなみに、古事記は縄文から繋がる太陽信仰に、渡来系氏族を太陽神の子孫とすることで統治の正当性を主張しようとしたものなので、普通の人間を神として書いている点で、ギリシャ神話とは根本的に違う部分がある。

●危ない理由8：人類の発祥から介入し続けている宇宙人と目に見えない存在達

以前、宇宙人や目に見えない存在達がいつから人類に介入してきたのかを確認してみたことがある。

地球にヒューマノイドタイプの「人間」と呼べるものが生まれた時には、すでに宇宙人や目に見えない存在達の介入は始まっていた。

それ以外にも、例えば、今とは違う科学技術を持ったアトランティスやムー大陸など沢山の文明が滅んできたと言われているが、それぞれの文明が滅ぶことになった原因として、宇宙人達から得た「分を超えた技術」による破滅だったり、宇宙人や目に見えない存在達を神としてその宣託に従ったために、滅んだ文明も多くあったであろう。

今、人間が原水爆を持っているのと同じで、本来持ってはいけない科学技術の発展に寄与したのは宇宙人や目に見えない存在達である。

実際の行為は人間が行うのだが、与えられた科学技術によって文明が滅ぶという繰り返しは今回の文明でも繰り返される可能性があるのだ。

アセンションに関しては、スピリチュアル業界の人達が先兵の役を担っているので、そこに介入しているという感じである。

未来は教えてもらえないので、これをすれば一気にアセンションがうまくいくというのは私

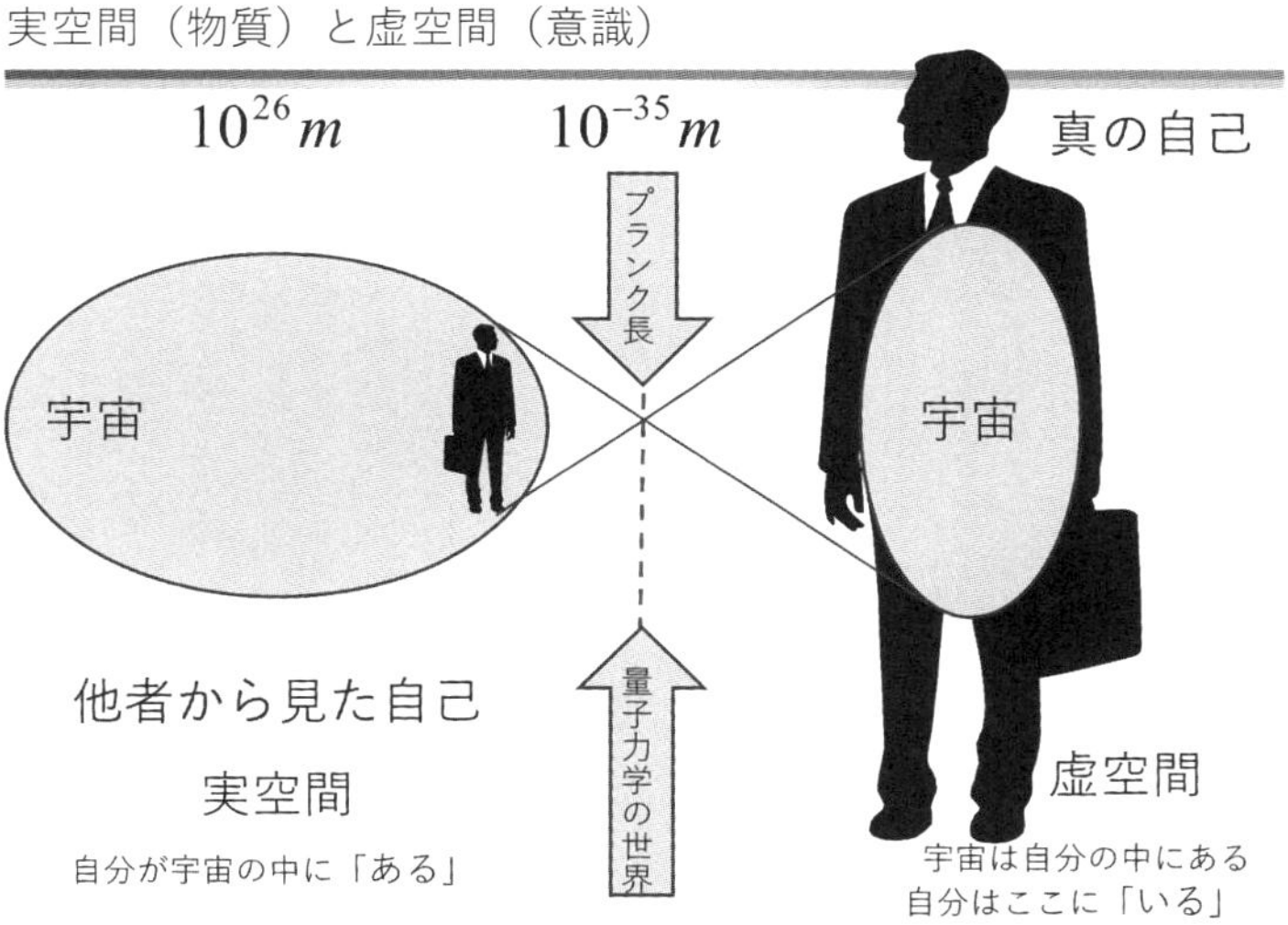

実空間（物質）と虚空間（意識）
$10^{26}m$
$10^{-35}m$
真の自己
プランク長
宇宙
宇宙
他者から見た自己
実空間
自分が宇宙の中に「ある」
量子力学の世界
虚空間
宇宙は自分の中にある
自分はここに「いる」

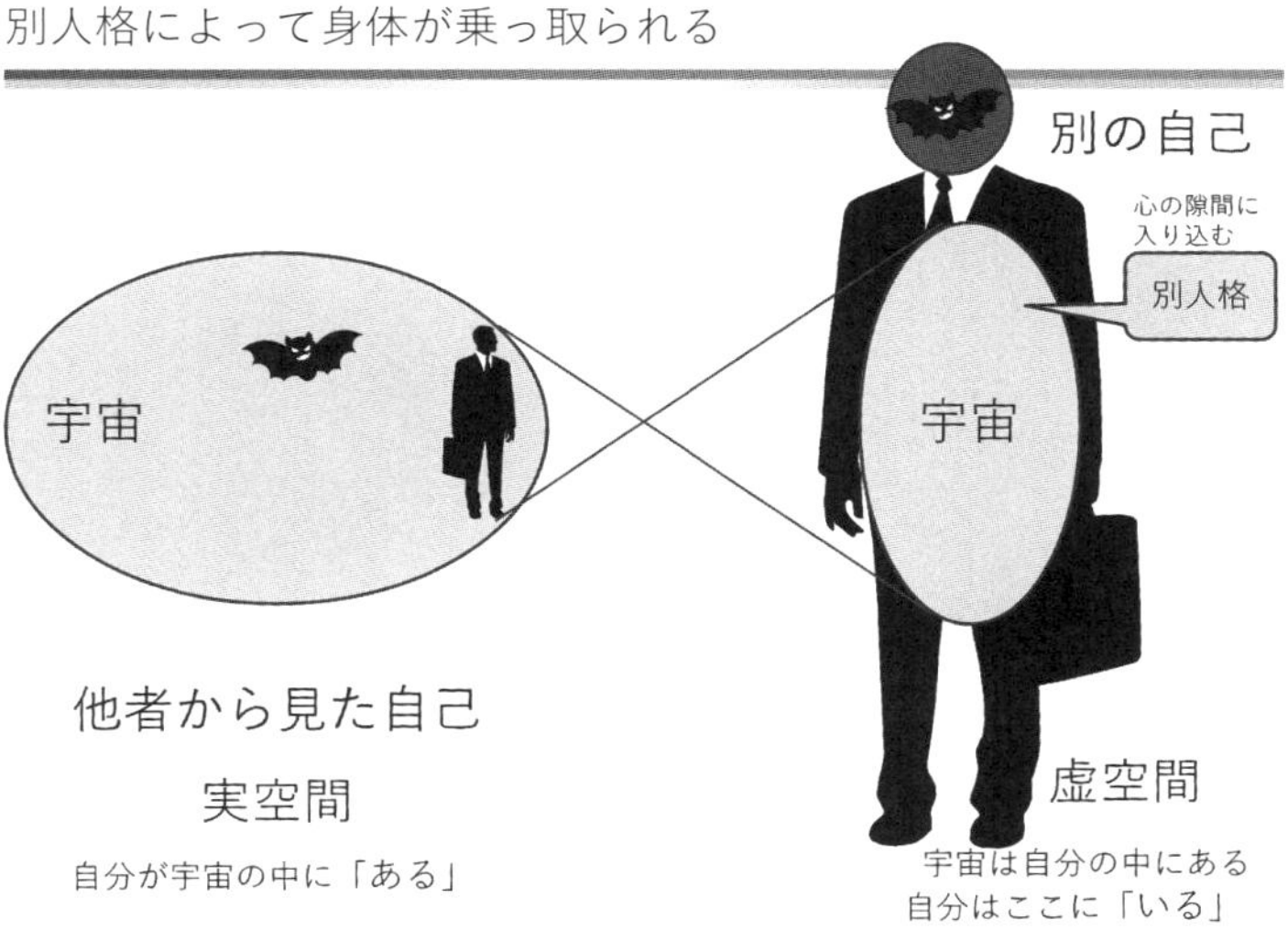

別人格によって身体が乗っ取られる
別の自己
心の隙間に
入り込む
別人格
宇宙
宇宙
他者から見た自己
実空間
自分が宇宙の中に「ある」
虚空間
宇宙は自分の中にある
自分はここに「いる」

達も知らないが、必要なことはある程度わかっているので、第5章以降でそのあたりの話をしてみよう。

第5章

この物質世界で心の重荷を解き放つには何が必要か

私達は輪廻転生の中で、今回の人生を経験している。

今回の人生でそれぞれの人は沢山の悩みや問題に直面し、中にはその出来事がダメージやトラウマ・ＰＴＳＤになっている人もいるだろう。

私達はその悩みや問題を、乗り越えようとしたり、逃げようとしたり、保留したりしている。中には上手く乗り越えたと思っている悩みや問題もあるだろうが、往々にしてまた同じような悩みや問題が起こってきて、再度取り組まなければならなくなっていたりしている。

輪廻転生してきた過去世においても、今世と同じように沢山の悩みや問題を経験しており、それぞれの人生においてダメージやトラウマ・ＰＴＳＤがある。

今回の人生のダメージやトラウマ・ＰＴＳＤは、覚えているものは顕在意識に、覚えていないものは潜在意識に残っている。

また、過去世のダメージやトラウマ・ＰＴＳＤなどは無意識領域に残っている。

アセンションを迎えるには、一人一人の周波数が細かくなっていく必要があるのだが、これら顕在意識・潜在意識・無意識に残っているダメージやトラウマ・ＰＴＳＤは「ネガティブな出来事の記憶」と「それに付随するネガティブな想いや感情」のエネルギーであり、ネガティブであるがゆえに低い周波数のエネルギーである。

この低い周波数のエネルギーが、あなたがアセンションに向かうのに邪魔になる。

そのため、アセンションを目指す人は、先ずは自分自身のダメージやトラウマ・ＰＴＳＤを、過去世のものを含めて解消していく必要がある。

また、アセンションを目指していない人であっても、今回の人生におけるダメージやトラウマ・ＰＴＳＤを解消したいと思っている人、同じような問題が何度も起こってきて困っている人にとっても本章の内容は役に立つことであろう。

すぐに過去世まで取り組もうとしなくても、今回の人生における悩みや問題の解消に取り組むことで、過去世のダメージやトラウマ・ＰＴＳＤの解消に結び付くこともあるので、出来ることから取り組んでいけばよい。

なぜ今回の人生での悩みや問題に取り組むことが、過去世からのダメージやトラウマ・ＰＴＳＤの解消にも繋がるのかを心理学の観点から説明してみよう。

「あなたが経験している世界はあなたの心の反映である」

私が学んだ心理学で教えてもらった言葉だが、人生における非常に重要な法則を言い表している。

この言葉で私達が経験している出来事のほとんどが説明できる。

この言葉は、私達が日々経験しているいろいろな出来事・体験は、我々の心が外に映し出されたものであるという考え方である。

それは脳科学やヴィトゲンシュタインの哲学にも通じる。

私達一人一人の経験は、住んでいる国によっても違うし、同じ日本に生きていても、同じ会社に居ても、同じ家族でも一人一人が違う体験をしている。

人間関係も違えば、見るもの聞くものも違っており、一人一人が経験している「世界」は、その人だけの「世界」である。


これは心理学の先生から聞いたエピソードであるが、第2次世界大戦が起こっているのを知らなかったおばあちゃんが東北にいたという。

東北の人里離れたところに住んでいたのではあろうが、そのおばあちゃんの「心」の中に対立・争いがないので、その心が反映されたおばあちゃんの「世界」では、戦争を見聞きする必要がなかったのである。

日本全国で、鬼畜米英だ、出征だ、英霊が帰って来た、と騒いでいた時代に、戦争をやっていること自体を知らなかったというのはすごいことだ。

その人の心が外側の現実＝「世界」をつくっているという例である。

ロシアがウクライナに侵攻して以降、戦争の報道が日常になってきていたところにパレスチナ・イスラエルの戦争も加わって、終わりが見えない状況である。

私達の経験している「世界」に戦争が色濃く表れてきているのだ。

第2次世界大戦から80年近くになり、今回の人生で戦争を実際に経験している人の数は確実に減っているのに、また新しい戦争が起きるということは、争いや戦争のダメージが世界中の人々の顕在意識や潜在意識にあるだけではなく、無意識領域にある争いや戦争のダメージが現実の世界に反映されているのである。

メディアやネットが発達した結果、ウクライナやパレスチナ・イスラエルの戦争のようにリアルな戦場を毎日見聞きするような状況を人類は初めて経験している。

単純にネットやスマホやドローンが発達したから、みんなが見聞きできるのだと言ってしまえばその通りなのだが、体主霊従から魂や意識・心がメインの「魂主体従」とでも呼ぶ時代に近づきつつあるゆえに、古いもの、個人の無意識領域から人類の集合無意識にあるような争い・戦争が現実に影響を与えて、世界中の人が戦争の情報や映像に毎日接するような時代になっている。

人類は、無意識領域を含めた心の中にある対立や争いに気づく機会を与えられて、解消に取り組むよう促されているのだ。

ゼロポイントフィールドからの情報で世界は構成されている

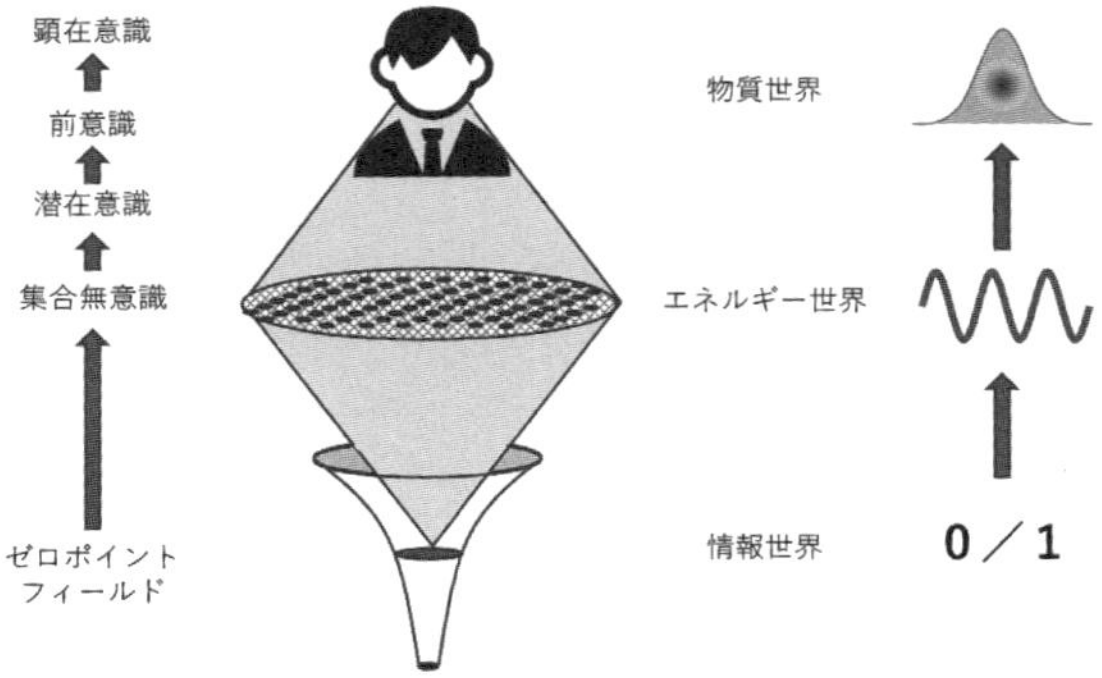

この世界は情報でできている

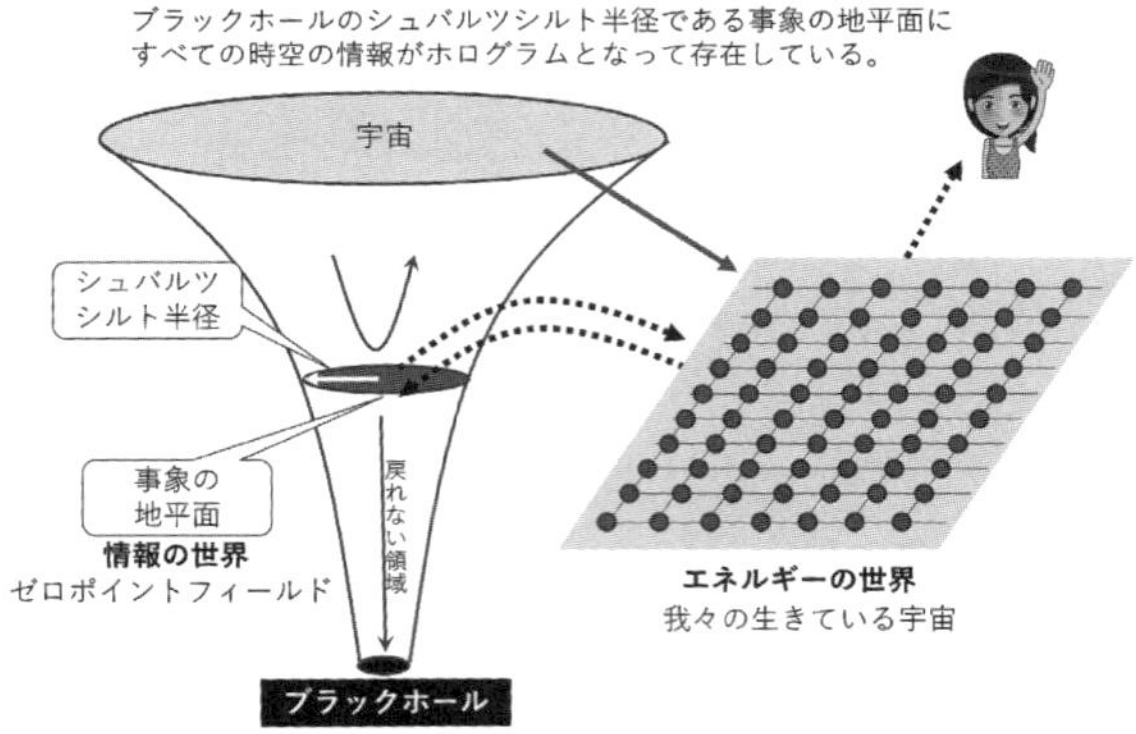

ワームホールを通ると別の宇宙にワープできる

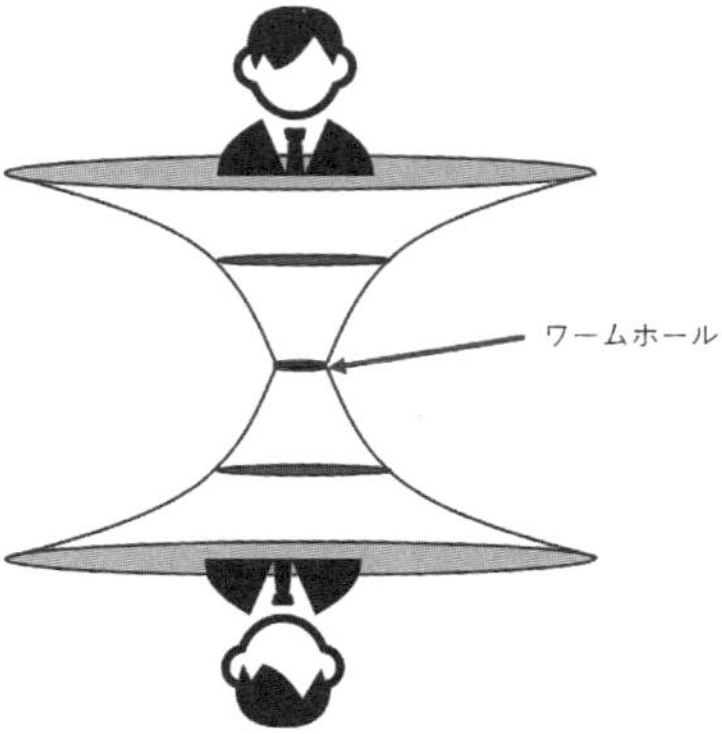

ただ、戦争の実態を見聞きし、自分の中にダメージがあると「気づき」を持ったとしても、ダメージが解消される訳ではないというのが難しいところである。

それぞれの人の顕在意識や潜在意識だけでなく無意識の中にあるダメージまで「解消」していかないと、ウクライナ戦争やパレスチナ・イスラエル戦争が終わったとしても、次の戦争が起こってくる可能性が高いのである。

◆人生に起こる悩みや問題は、解消するために計画してきた課題・テーマ

私達は生まれてくる前に人生の大まかな計画を立てるとともに、どんな課題に取り組むか、過去世で作ってしまった中で、どのトラウマやダメージを解消するのかを設定して生まれて来ている。

人生で起こってくる悩みや問題は、取り組む課題やトラウマやダメージを解消するための出来事であることが多い。

心理学的な説明をすると、顕在意識や潜在意識・無意識にあるトラウマやダメージは「何とか解消して欲しい」と思っている。

そのために、トラウマやダメージは、「気づいて解消して欲しい」と、過去と同じような

「出来事」を引き起こすということになる。

別の角度から説明すると、あなたをサポートする存在が、あなたが解消すると決めて来たトラウマやダメージに取り組むように、過去と同じような「出来事」を準備してくれるとも言える。

残念ながらサポートする存在は、「解決してくれる」訳ではない。

あなたが自分で取り組んで解消すると決めてきた課題だからだ。

だが、サポートする存在は、出来事を準備してくれるだけではなく、解消するために必要な「出会い」も準備してくれる。

あなたがそれに気づいて選ばなければならないのが難しいところではあるが。

●事例：生まれた時の父親の何気ない一言が人生を大きく左右した

ある店長さんのケースだ。

はっきりした悩みや問題があるわけではないが、友人から私の話を聞き、何か受けた方が良い気がするとのことで来られた。

色々話を聞いている内に、「自信が無い」ことが問題だと気付かれることになる。

20代で店長を務められていて、周りの社員からも慕われているのだが、深いところで自信が無い感じがすると言われる。

原因となったシーンを探していくのだが、覚えているダメージのシーンは中学生の頃の出来事や、小学生の頃の出来事、幼少期の出来事などが出ては来るのだが、どうも核心をついていない感じがする。

エネルギーを降ろしてさらに古いダメージのシーンを見てもらうと、出生のシーンが見えて来る。

生まれた時に立ち会った父親が何気なく「女か〜」と言っている。

その時に赤ん坊の自分は何を感じたのかを聞いてみると、「あ、女だと価値が無いんだ」と思ったという。

父親の何気ない一言がトラウマの原因になったのだ。

その時の父親の心情を感じ取ってもらうと、特に男の子が欲しくて女の子だったことを残念がっているとかではなく、単純に「あ、女の子だ」という感じでの「女か〜」という言葉だった。

さらに古い時代に原因となった出来事があるか見てもらおうとしたがそれは無い感じだったので、生まれた時のシーンにエネルギーを降ろして変容し、赤ん坊のダメージも癒して終わった。

聞いてみると父親との関係はとても良好で、何でも話をするし、仲の良い親子なので、父親の一言がトラウマになっていたなんて想像もしていなかったと言っていた。

このケースの場合、父親が問題という訳ではなく、父親は彼女の協力者という位置付けになる。

彼女は生まれてくる前に「自信」についての課題を設定し、乗り越えることを決めて生まれて来ていて、父親はその協力者として「女か～」という言葉を発したのだ。

そこから20年以上経っても「自信」という課題を乗り越えられなかった彼女は、私達と出会うようセッティングされて、やっとその課題に取り組み解消することが出来たという訳だ。

この例をひとつとっても、人生は非常に複雑であり、しかし非常に精緻に組み立てられている。

「偶然」というのは私達が考えているよりはるかに少ない。

◆現在の心のケアの課題

現代において、心のケアは、医療であれば精神科や心療内科、メソッドとしては、カウンセリングや各種セラピー、ヒーリングなどで行われている。

医療では投薬を中心に、カウンセリングやセラピーが、民間においては膨大な種類のヒーリングやセラピーが存在している。

残念ながら、心理学を中心とした方法論では、顕在意識と潜在意識にあるトラウマやダメージを認めたり、気づきによって、「認知を変える」ことをメインとしている。

カウンセリングや各種心理学系のセラピー等は、投薬だけの治療よりはダメージの解消に取り組んでいるだけ随分良いのだが、可能なダメージの解消はごく一部に限られる。

顕在意識は意識全体の３％と言われるが、顕在意識にあるダメージを完全に解消できたとしても３％しか解消できないことになる。

また、「気づき」によって、認知が変わったり、潜在意識の記憶が上がってきて認識できることで、解消できたように感じたとしても、ダメージそのもののエネルギーが無くなっている訳ではない。

当然、トラウマやダメージの原因となった「出来事そのもの」の「解消」にはアプローチすることさえ出来ない。

また、無意識領域にあるトラウマやダメージに対しては、催眠療法などで、過去の体験を見て顕在意識に上げてくることで、認めたり、気づきによって「認知を変える」という部分では同じ対応を取っているに過ぎない。

いずれの方法論であっても、トラウマやダメージの原因となった出来事を解消することはできないし、残っている想いや感情のダメージを完全に解消することもできない。

また、瞑想などでは「今に集中する」「意識にあげる」「自分の思いを意識する」等によって、ダメージや感情を思考で対処しようとしてしまう面がある。

このアプローチでは、感じにくくなることでダメージが減ったような気がするのだが、実際にはトラウマやダメージは残っているので、同じような出来事がまた起こることになってしまう。

●事例：心理学を学んで来たゆえに効果が分かりにくかった？

心理学を学んできた人が、私達のセラピーを受けられることがある。

憑いている存在を取った後、その人自身のトラウマやダメージのもとになった出来事を解消し、心や頭に残っているダメージのエネルギーを解消するという、私達が通常行っている方法で原因を解消しておくのだが、何人かの人に、効果が感じられなかったと言われたことがある。

いずれのケースでも、職場での状況が大きく変わったり、周りの人達から以前と全然変わっていると言われたりするのだが、本人はどうも効果を感じにくいようなのだ。

心理学では、「気づき」・「アハ体験」や「認識・認知が変わる」ことが重要視されている。

心理学は顕在意識を中心に扱う事が多いのだが、私達のセラピーでは顕在意識、潜在意識、無意識に加えて、悩みや問題の原因の一部である憑いている存在まで扱って原因を解消するので、心理学を学んできた人ほど、ある意味理解しにくくなるのは仕方ない。

私自身も心理学を学び、セミナーや講座をしていたのでよくわかるのだが、一般的な心理学では扱えるのは顕在意識がほとんどであり、一部潜在意識や無意識を扱うためのメソッドが少しあるくらいだ。

顕在意識を扱うことで「納得感」はあるが、原因の解消という観点からは数％しかアプローチできないことになる。

残りの90％以上＋憑いている存在の影響まで全てにアプローチ出来、かつ、全てを解消できて初めて根本的な解消になるのだが、心理学を真面目に学んできた人ほど理解しにくくなるのは仕方のない事であろう。

◆トラウマやダメージのもとになった「出来事」を解消するのは難しい

セラピーやヒーリングの中にはトラウマやダメージのもとになったシーンを変容できると言っているものもある。

過去にそのようなセラピーやヒーリングを受けた人が私達のところに来て、シーンを変容してもらったのだが、悩みや問題が解消しないと言われることが何度かある。

悩みや問題の原因となったシーンが解消されているのかを確認してみると、残念ながら、シーンはそのまま残っており、解消されていることはまず無い。

例えば催眠によって原因となった過去世の出来事を本人にみてもらいながら、施術者が誘導してシーンを変容するというケースがある。

実際に催眠療法を受けて、施術者の誘導でシーンを変容してもらった人が来た時の事だ。

詳しく聞くと、トラウマのもとになったシーンがなかなか変容できず、最後には施術者が「こういう風になりました」と半ば強引にシーンを書き換えそうだ。

当然ながらその人の悩みや問題は解消しておらず、逆に悪くなっているという。

その人の原因のシーンを見てみると、出来事が2重になっていて、問題がさらに複雑になっていた。

仕方ないので、先ず施術者が書き換えたシーンを消して、さらに元のシーンを解消していくというプロセスが必要になった。

私自身も20年以上前に、知り合ったセラピストのセラピーを受けた時に、「過去世を変えておきました」と言われたことがある。

のちに高次元の能力を開発していく中で分かってきたのだが、過去世の出来事など、悩みや問題の原因を見つけたとしても、そのシーンを人間が「意図的に」変容することは出来ないし、してはいけない。

映像を書き換えることは可能なのだが、それは施術者の意図で映像を勝手に変えているだけである。

３次元の人間の意思や意図で過去・歴史＝時間を改変する事は出来ない。

私達は「意図を持たない」と表現しているが、セッションを行う際に、トラウマやダメージのもとになった出来事のシーンを見つけても、こんな風に変容しようとか、私達の意図を持つことは決してない。

根源のＯＮＥに近い高次元のエネルギーに任せるだけだ。

その結果そのシーンがどのように変化するのかは私達も予想がつかず、変わったシーンを見て「こんな風に変わるのか」と面白く感じることも多い。

表現は微妙だが、「神業（正確には宇宙業）」の領域に「人間業」で対応してはいけないという事だ。

「過去と他人は変えられない、自分と未来は変えられる」とよく言われるが、少なくとも「過去は変えられる」。

また、他人を直接触ることはしないが、その人に憑いている物を取ったり、自分のダメージやトラウマを解消することで、その人が別人のようになることもよくある。

あなたが経験している世界があなたの心の反映であるならば、顕在意識・潜在意識・無意識に加えて目に見えない存在たちまで扱う事で、**「過去も他人も自分も未来も変えられる」**のである。

◆トラウマも、PTSDも解消できる

心理学では、トラウマやPTSDの解消は非常に難しいと言われている。

それは、トラウマやPTSDが、原因となった「出来事」と、その出来事による「感情」や「想い」などのダメージで構成されているからだ。

先に書いたが、「出来事」特に「記憶にある出来事」を解消するのは、心理学等では基本的に無理である。

3次元では時間は一方向に流れているので、過去に起こった出来事を変える事は出来ないし、その時の記憶を変えることもできない。

無理やり記憶を書き換えるということは可能ではあるが、副作用の方が大きくなってしまう。

トラウマにエネルギーを下し干渉で消し去る

高次元のエネルギーによってトラウマなどが解消されるのは、
トラウマの波にチューニング（同調）し位相を反転させることに
よってトラウマを消し去っている。

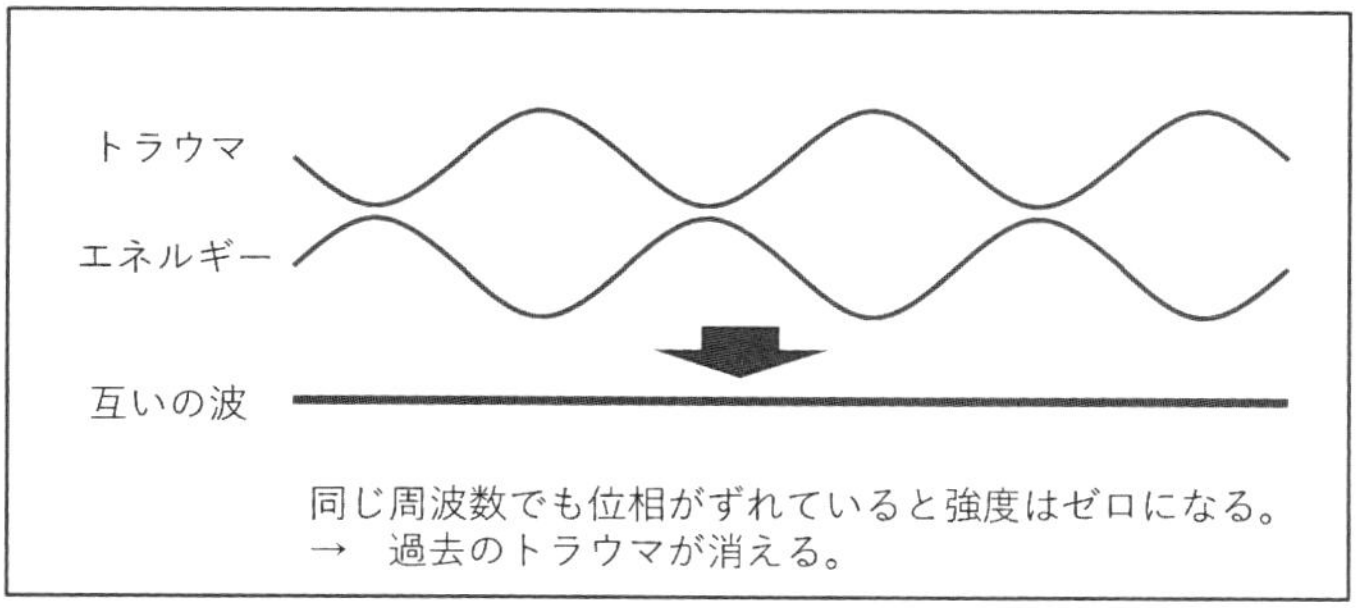
トラウマ
エネルギー
互いの波
同じ周波数でも位相がずれていると強度はゼロになる。
→　過去のトラウマが消える。

宇宙において全ては波なので、トラウマやＰＴＳＤなどの出来事の記憶もまたエネルギーとして記憶されているし、その時のダメージや感情もエネルギーとして残っている。

私達はセッションにおいてトラウマやＰＴＳＤの「原因となった出来事」に根源のＯＮＥに近い高次元のエネルギーを降ろす。

このエネルギーは高次元ゆえに時間空間の制約が無いので、過去に起こった「出来事」そのものを解消することが出来る。

出来事のシーンそのものが変わってしまったり、思い出しにくくなったりするのだ。

例えば、鮮明に覚えていた中学校でのいじめのシーンが和やかに談笑しているシーンに変わっていたり、両親の大げんかが仲良くなっていたりする。

また、セッション中に話していた出来事が、エネルギーを下ろした後では、ぼんやりとしか思い出せなくなっていたりすることもある。

また、その出来事による感情や想いも同じく高次元のエネルギーによって解消することができる。

震災の後に考えていたのだが、大切な人を亡くした人は当然だが、消防や警察、自衛隊の人は、遺体を見つけることでトラウマやＰＴＳＤが出来てしまっただろうが、通常のカウンセリングなどではトラウマやＰＴＳＤの根本的な解消は無理だし、何とかケアしてあげないと鬱になってしまう人達も多いだろうにと思ったものだ。

人を助けるために訓練を積んだ人達が鬱になってしまったりするのは大きな損失だと思う。

きちんと解消しておけばよいのだが。

◆大きなトラウマでも解消できる

以前、高校生の時に親の自殺を発見してしまったトラウマを持った人が来られたことがある。

当時は今ほどの高次元のエネルギーが使えていなかったので、時間がかかってしまったが、ダメージを解消しておいた。

本人は効果があまり分からないと言っていたのだが、近くの喫茶店で待ってくれていた友人達がその人を見て、「すごく変わっている」「全然違う」と言ってくれたとの事で、後日お礼に来られた。

いじめや虐待だけでなく、私達は色々な出来事によってトラウマや時にはＰＴＳＤを持つ。そしてそれ以上に沢山のダメージを持つ。

乗り越えられない問題はないと言われるが、**トラウマやＰＴＳＤやメンタルのダメージは乗り越えるものではなく、解消するもの**である。

自分で解消できない場合は、手助けしてくれる人との出会いが準備される。

本書を読んだ人は、ある意味、解消のチャンスに一歩近づいたことになる。

解消へ踏み出す選択は自分自身でしなければならないのだが。

本書をここまで読み進めた皆さんに、自分自身で出来る「心のセルフメンテナンス」のワークをプレゼントしておく。

【プレゼントワーク】

私達は日々色々な体験をするが、その中には嫌な思いをすることや辛いこと、悲しいことが沢山ある。

これらのしんどい想いや感情を心に溜めて行ってしまうと、心の容量が一杯になってしまい、鬱になったりする。

そのため、しんどい思いは減らしていく必要があるのだが、「どうすれば本当に減らしていけるのか」が難しい。

多くの心理学的なメソッドは、主に顕在意識で対処しようとするので、最大でも3％しか解消できないことになる。

調べてみたことがあって、多くの心理療法やセラピーやヒーリングの場合、潜在意識や無意識まである程度扱えたとしても、しんどい想いやダメージの数％しか解消できない。

ここに載せてあるセルフワークは、あまりにもシンプルで簡単だが、しんどい想いやダメージの解消としてはとてつもなく有効である。

今日しんどいことがあった人も、過去のしんどい想いやダメージが残っている人も使えるので、やってみて欲しい。

【ワーク】

しんどい想いやダメージは、胸（ハート）の部分と頭の二か所に残っていく。胸（ハート）には、「感情」と「想い」が残っており、頭には思考としての「思い」が残っている。

残っているしんどい想いやダメージを解消するやり方は胸（ハート）も頭も、同じである。

胸（ハート）でやり方と流れを説明しよう。

①　胸（ハート）にある、「しんどい想いやダメージ」と「感情」を、全体として「色や形」としてイメージする。

想いやダメージや感情はエネルギーとして残っているのだが、個別に扱おうとするとそれぞれを言葉にする必要があるのだが、全ての想いや感情をうまく言葉にできるとは限らないし、その時の事を思い出し追体験することで更にダメージが増えることも多い。

このワークでは、しんどい想いや感情をエネルギーそのものとしてとらえ、それらの全体を感じ取る方法を取っており、「色や形」でイメージするようにしている。

エネルギーを色や形や質感などで表すので、本人なりにイメージ出来ればそれで良い。例えば、「赤黒くてふわふわした」とか、「黒紫で硬くて四角い」とか、思い浮かぶままで良い。

イメージで感じられたら、

② 胸の前で、両手でお椀みたいな形を作って、色や形でイメージしたエネルギーを手のお椀の上に移動させる。

この時、一度に全部のエネルギーを移動出来てなくてもよい。

③ 手のお椀の上にあるエネルギーを、自分の真上に「渡す」または「持って行ってもらう」

この時、最初の内は両手で作ったお椀を上の方に上げる動作を付けたほうが分かりやすい。

私達一人一人は自分自身の「真のサポーター」との繋がりを持っている。

その存在は、決して神や仏と呼ばれる存在や、守護霊や守護神と呼ばれる存在では無い。

真のサポーターは、本来あなたをサポートする存在なので、あなたのしんどい想いやダメージのエネルギーを完全に取り去ることが出来る。

ほとんどの人は、イメージの中で手のお椀に移動させた、イメージで表されていた「しんどい想いやダメージのエネルギー」が無くなったのを感じられる。

④　一旦手で作ったお椀の中にあったエネルギーが無くなったと感じたら、胸（ハート）の中をもう一回見て、まだ残っているようだったら、しんどい想いやダメージのエネルギーが無くなったと感じるまで何度か繰り返す。

⑤　頭にあるしんどい思考・思いも同じやり方で解消する。

ワークはこれだけである。

余りにシンプルで簡単だが、効果はとてつもない。

実際にやってみればわかる。

これを日々やっていると、新しくダメージを増やさずに済む。

嫌なことがあったらすぐやるのがお勧めだが、仕事中など、すぐにできないのであれば、休憩時間にやると良い。

できれば家に帰るまでにやっておいた方が良い。家にしんどい想いを持ち込まずに済む。

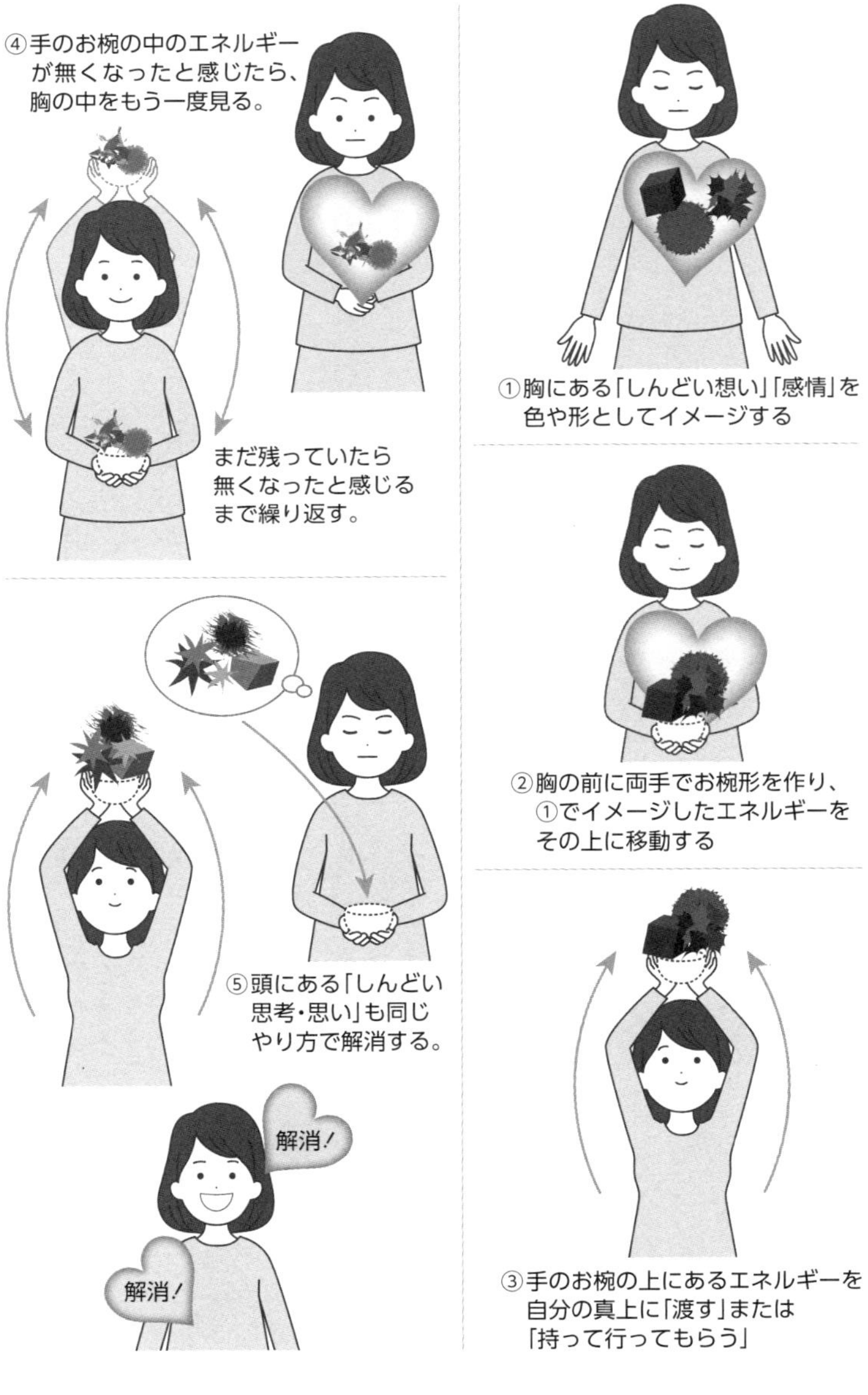
①胸にある「しんどい想い」「感情」を
色や形としてイメージする
②胸の前に両手でお椀形を作り、
①でイメージしたエネルギーを
その上に移動する
③手のお椀の上にあるエネルギーを
自分の真上に「渡す」または
「持って行ってもらう」
④手のお椀の中のエネルギー
が無くなったと感じたら、
胸の中をもう一度見る。
まだ残っていたら
無くなったと感じる
まで繰り返す。
⑤頭にある「しんどい
思考・思い」も同じ
やり方で解消する。
解消!
解消!

寝る前でもいいが、しんどい時間は短いほど良いだろう。

このセルフワークは、覚えているものであれば過去のしんどい想いやダメージにも使うことが出来る。

忘れていたしんどい想いやダメージを思い出した時に使うのも良い。

残念ながら、このセルフワークでは、今回の人生で覚えていない＝潜在意識や、過去世＝無意識にあるダメージは解消できない。

また、ダメージやトラウマやＰＴＳＤのもとになった「出来事そのもの」は解消できない。

更に、その出来事に目に見えない存在達が介入していたとしたら、それを取ることもできない。

それでも、心や頭のダメージを解消できるというのはとんでもない事なのだ。

私が学んだ心理学で「手放すワーク」というのがあって顕在意識だけでなく一部の潜在意識のダメージまで解消しようとする優れたワークではあったが、高次元のエネルギーが使えるようになってから確認してみると、顕在意識で扱うワークなので、ダメージの数％しか減らすことが出来ないことが分かった。

人間技でなく、**あなたの真のサポーター**の力を借りることで初めて、**完全に**ダメージを解消することが出来る。

慣れてくると手の動作を付けなくても、ハートや頭から直接上げてしまうこともできるようになる。

このワークのポイントは2つしかない。

「しんどい想いやダメージをイメージで見る」と、「そのエネルギーを真上に渡す・持って行ってもらう」事だけだ。

イメージで見るのは、ダメージのエネルギーを全体として扱うためでもあるし、エネルギーが無くなったことを確認するためでもある。

真上に渡す・持って行ってもらうのは真のサポーターの力を借りるためだ。

宇宙の真理はかくもシンプルで簡単なものなのだ。

気を付けなければならないのは、あなたが神や仏などを含めて、何か信じているものがあるとしたら、それは一旦置いておいて、「真上」にエネルギーを渡す・持って行ってもらうことが重要である。

斜め上や横ではない、必ず真上である。

これは、このセルフワークに限らないが、あなたに話しかけてくる存在やサポートしてくれると言っている存在が、あなたの斜め上や横や前や後ろに居たとしたら、それはあなたの真のサポーターではない。「あやかし」である。

見えたり話せたりする人は、この１点を覚えておくだけで、変なものと繋がる確率を劇的に低くできるだろう。

ただし、その人自身がすでに繋がっているものを、神や仏や自分を守ってくれるものだと深く信じていたとしたら、その存在はあなたの真上に来て、あなたの真のサポーターとの間に入り込み、繋がりを限りなく小さくすることが出来る。

何を信じるのかは、あなたが自身が選ぶ必要があるのだ。

私達がセッションでダメージの解消をする際には、高次元のエネルギーを降ろして今世から過去世まで全てのダメージを一気に解消する。

更に、ダメージのもととなった出来事そのものも解消する。

過去世や出来事までの解消は無理だが、ダメージの解消としては、このセルフワークはとんでもないレベルである。

もし、世界中の人々がこのワークを知り実践したとしたら、人類の集合無意識まで含めたトラウマやダメージの総量が随分と減ることになる。

その結果、この世界から戦争や争いが減ってくることに繋がっていくであろう。

第6章

全てを解決させる不変の真理　本来繋がるべきところと繋がる超技法

今までの文明において人類が繋がりを求めて来たのは、肉体の繋がりである先祖の霊であったり、神や仏を名乗る存在や神の使いと名乗る存在であったが、あなたが新しい文明への移行・アセンションを望むのであれば、私達が本来繋がるべき存在へと繋がり先を変えていく必要がある。

第6章では本来繋がるべきところとは、どんな存在なのか、どうしてその存在と繋がる必要があるのかを明らかにしていく。

前にも述べたが、体主霊従から魂主体従に変わっていくには、「私達自身」は「肉体」ではなく、「魂」であると認識を変えていき、魂そのものの関係性を重視していく必要がある。

私達は、肉体が精子と卵子が受精してから細胞分裂によって出来上がっていくプロセスや、両親の遺伝子の情報に基づいて作られていく等、肉体の生成過程については良く知っている。

ところが、私達自身の本体が魂であるとすると、その本体である魂については、あまりにも知らないことが多く、考えたこともないことに気付くことになる。

肉体が両親から生まれるものであるならば、魂は何から生まれるのかについて触れていこう。

◆あなたの魂はどうやって宇宙に存在し始めたのか

宇宙の始まりについては第3章で触れたが、私達人類が宇宙と呼んでいる、１３８億光年と言われている10次元までのこの宇宙は、ＯＮＥから始まり、インフレーションとビッグバンと呼ばれる急激な膨張の時期を経て、今の宇宙が出来上がってきたということになっている。

この１３８億光年より高次元の宇宙はとてつもなく高い次元まで続いており、そのすべての始まりである、私達が「根源のＯＮＥ」と呼んでいる存在は、10の何兆乗の何兆乗という、私達人類が想像もできないほど高次元の存在である。

とは言っても、この「根源のＯＮＥ」から始まる宇宙も、１３８億光年の10次元までの宇宙も、始まってから成長していく仕組みは基本的に同じであり（＝相似）、同じシステムで生まれて成長している。

根源のＯＮＥも１３８億光年のこの宇宙のＯＮＥも、始まりはＯＮＥ一つであり、次に１つの魂を生み出して2になり、さらに2つの魂を生み出して4になり、そこからまた魂を生んでというような形で乗数的に魂が増えていく。

ちなみにそれぞれが常に1つしか生まないわけではないので2の乗数ではなく、もっと急角度の曲線で増えていくことになる。

このような急激な増加を、今の科学ではインフレーションとビッグバンと呼んでいるのだろう。

ちなみに、宇宙が始まった当時の次元では今の3次元の地球とは時間の概念が全く違っているので、10のマイナス何乗という極短時間でインフレーションやビッグバンと呼ばれる急激な膨張が起こったことになっている。

◆宇宙の広がり方、宇宙の構造と魂について

このように、ONEから始まって次々に生まれて来た精神エネルギー体＝魂が増えていくことによって宇宙が形作られ拡大して今に至るのだが、このプロセスのどこかで、今この地球に人間として生きている私達一人一人の魂が生まれている。

現在私達は、この3次元の地球に、「今の肉体」という着ぐるみを着て「人間」として存在しているが、本体である「魂」はいつの時点かに宇宙に生まれ、そこから「輪廻転生」を繰り返してきた。

私が催眠を取り入れた心理セラピーを行っていた頃から、クライアントさんに「過去世」を見てもらっていたのだが、催眠を使っていた頃は皆さん「人間としての過去世」が見えていたのだが、催眠を使わずに過去世を見てもらうようになり私のレベルが上がってくると、皆さんが見る過去世の中に人間の過去世でなく、他の星の宇宙人だった過去世だったり、さらには星

宇宙のいつかの時点（次元）であなたの魂は生まれた

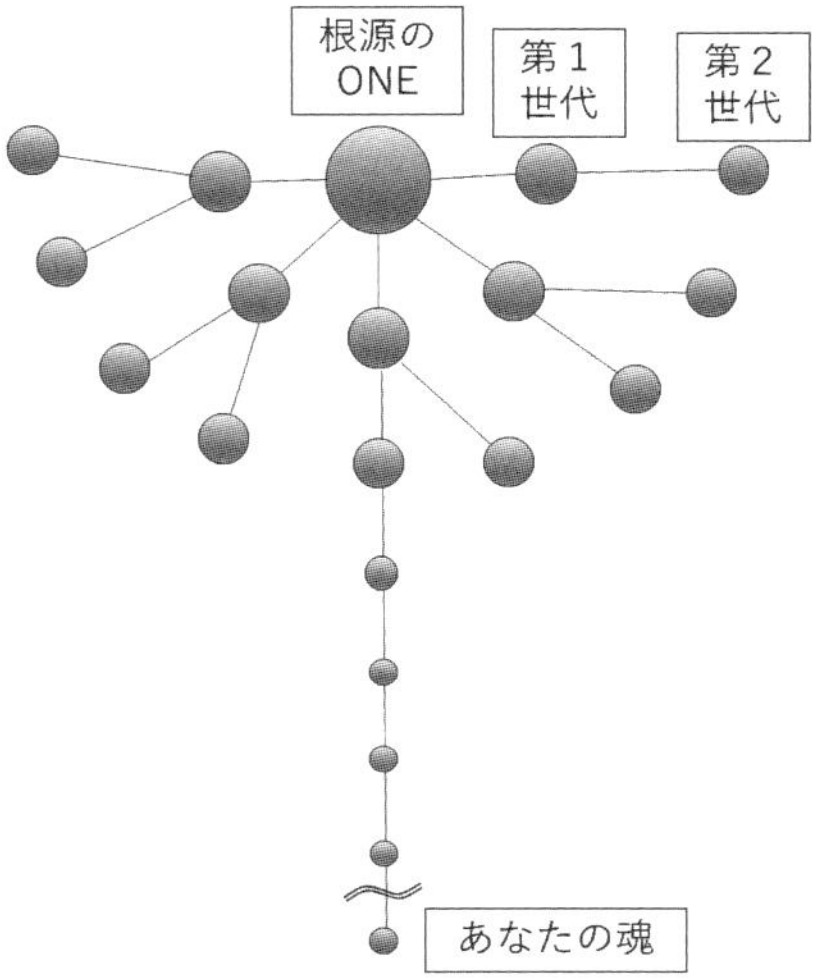

全宇宙の始まりである根源のONEから全ての物が生まれている。
３次元の地球とは時間の定義が違うので、インフレーションやビッグバンのようにごく短時間で宇宙が急拡大したことになっている。
実際には根源のONEから第１世代第２世代と次々に魂が生み出されて宇宙が拡大していった。
その中のある時点（次元）であなたの魂が宇宙に生まれている。

だった過去世を見る人が増えてくることになる。

これは私の次元の能力が上がっていくことで、クライアントさんが見える次元も上がっていったことによる。

沢山のクライアントさんが見たそれらの過去世から、私達人類の中には輪廻転生が3次元の人間にとどまらず、6次元の宇宙人だった経験をしてきた魂であったり、さらには「古い魂」と呼んでいる人達の中には「星だった記憶」を持っている人や、さらに古い意識体だけの宇宙の記憶がある人が、今は3次元の人間をしているのを知ることになる。

あなた自身の魂も、どの時点の宇宙で生まれたにせよ、「いつかの時点＝ある次元」で宇宙に生まれているのだが、その時、**あなたの魂を生み出した魂**がいる。

あなたの魂が何もない所から突然宇宙に生まれてきた訳ではない。

それぞれの魂を生み出した存在を私達は**「魂の親」**と呼んでいる。

現在までの文明において、私達人類は3次元の地球に居て、**「肉体という着ぐるみ」**を自分自身の本体だと思っている人がほとんどだったので、「魂の親」という概念自体も存在しなかった。

更に同じように、自分達は3次元の肉体という存在だという意識から、また、先祖の霊や神や仏を名乗る存在や神の使いと名乗る存在など、人類が知ることのできた「目に見えない存在

魂の親から生まれたあなたの魂は輪廻転生を繰り返し今に至る

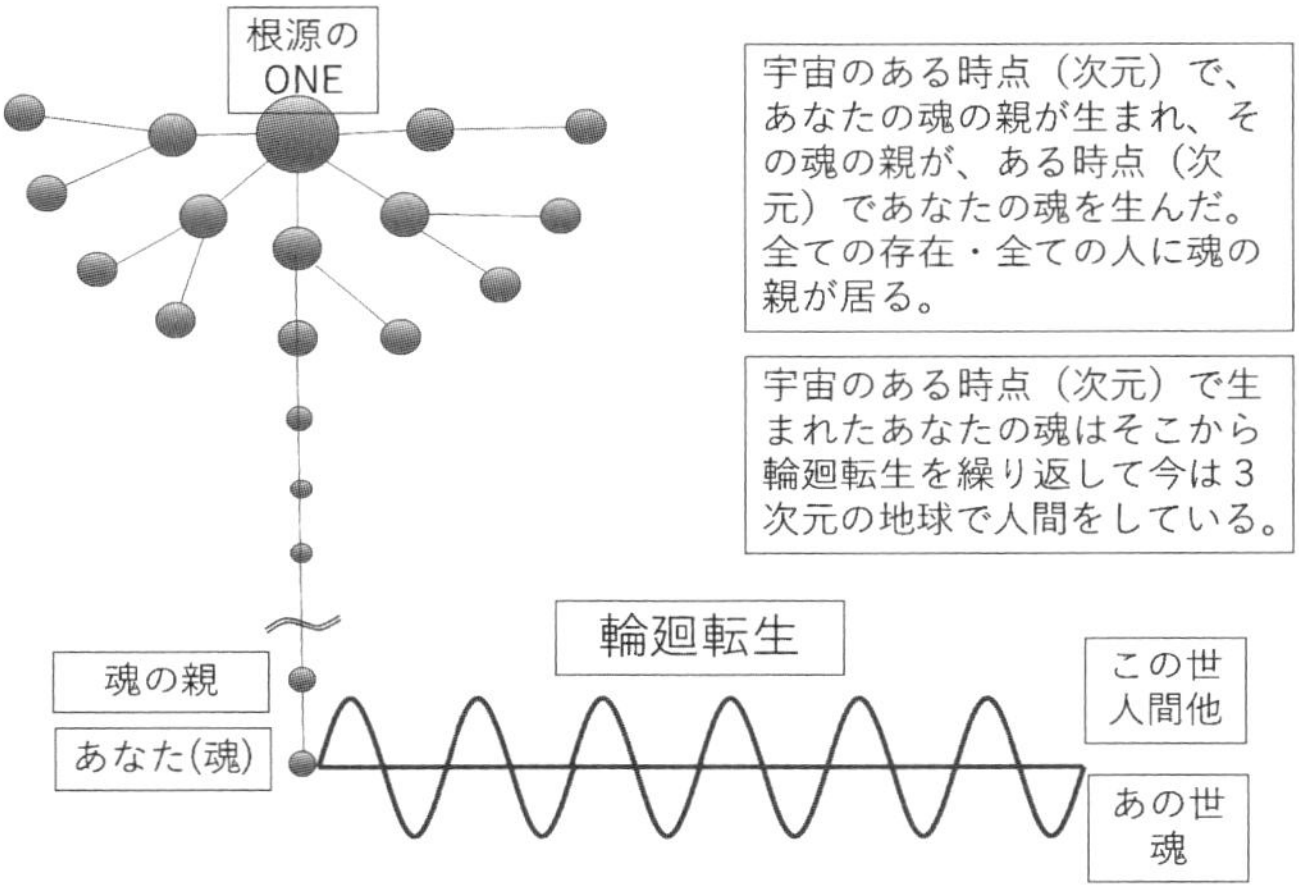

魂は親から子供になるにしたがって次元が下がる

宇宙は広がっているため、子から見た親の周波数はドップラー効果（赤色偏移）によって低く見えている。

宇宙は広がっているから次元は下がっていく。

このため、この最大周波数は親よりも低くなる。親は子のすべてが見えるため、子供の悩みをすべて取り除くことができる。

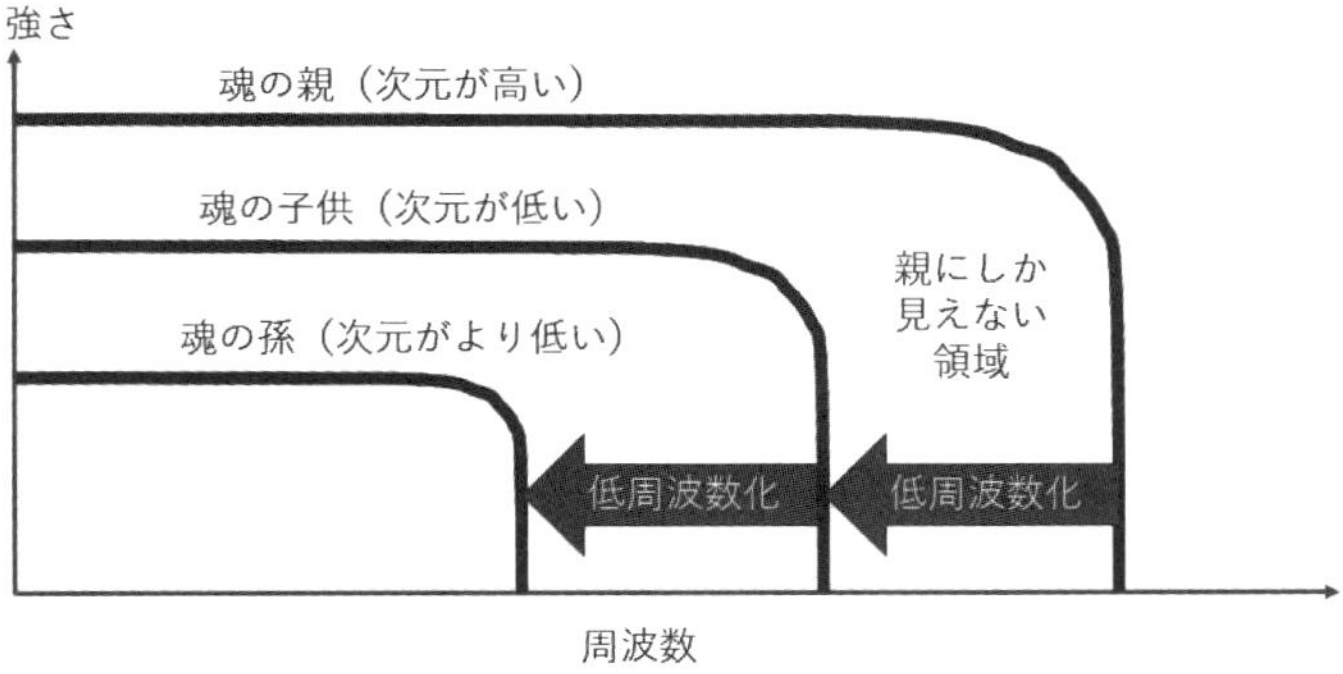

達」があなたをサポートしてくれているという教えによって、魂の親との関係については、意識されることも無かったのが実態である。

魂の親という存在が居て、自分はその魂の親から生まれた魂だと言われても、存在を認識することも難しいので、実感が湧かないのも仕方がないことではある。

私達が肉体の関係である親や兄弟、祖父母との関係において有形無形の影響を受けているのは当たり前の話である。

これから魂主体従の価値観に移行していく時代には、今度は魂の親との関係性が徐々に明らかになってきて、その重要性が多くの人に認識されるようになってくるであろう。

◆色々な次元を経験してきた人が今、人間をしている

宇宙のいつかの時点であなたの魂は生まれ、そこから輪廻転生を含めた遠大な旅を続けて、現在、地球で人間をしているのだが、なぜ古い・高い次元で生まれた魂が、今3次元の地球で人間をしているのか、その理由はまだ詳しくは分かっていない。

理由の一つには、今回のアセンションが関わっているのではないかと感じてはいる。

今の時点で分かっているのは、現在の地球で人間をしている魂の中には、根源のＯＮＥに近

魂の親はデルタ関係に似ている

すべての周波数を有するものは、大きさ（形）を持たないが
無限大の高さ（エネルギー）を持つ。
我々がよりどころとする魂の親は頭の直上に存在する。

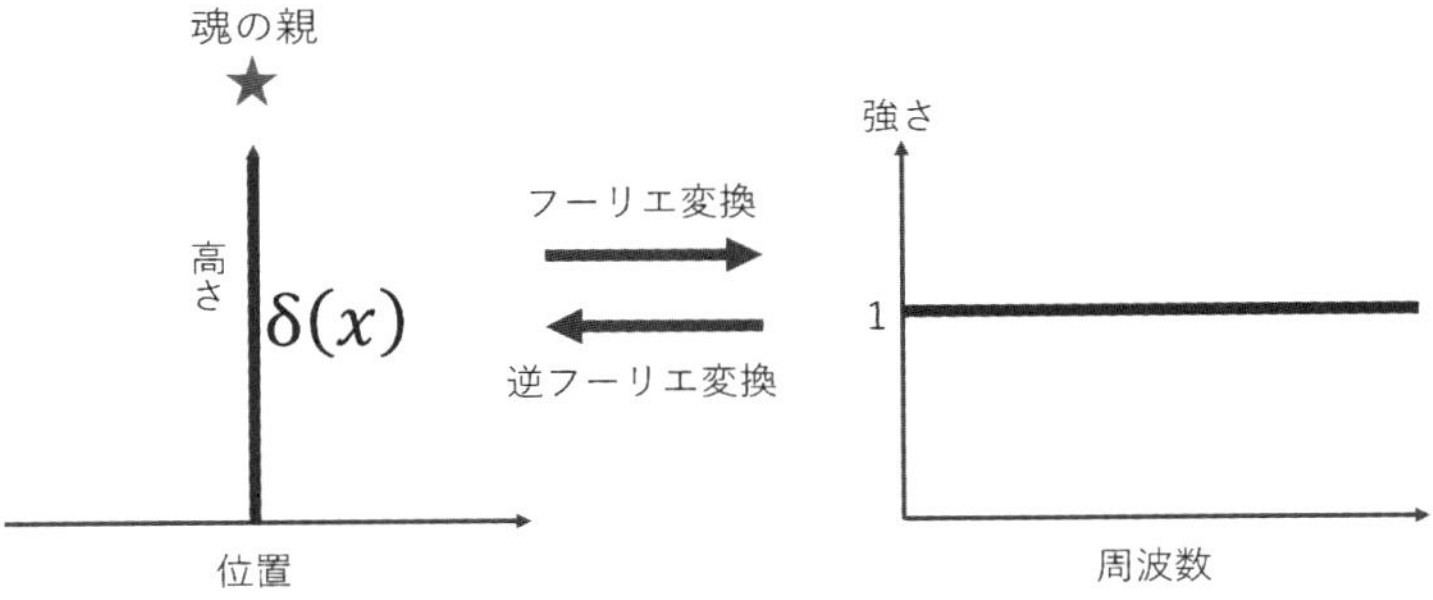

い魂から、6次元の宇宙人の過去世を経験している魂も、星だった過去世を経験している魂も居るということだ。

もしかすると、3次元で初めて生まれた魂の人も居る可能性はあるが、トレーニングを受ける人以外の魂の生まれた次元を見ることはないので、今のところ出会ってないだけかもしれない。

◆魂の親との繋がりは細く、目に見えない存在達との繋がりは太い

特定の宗教を深く信じている人の比率が比較的少ない日本人においてさえ、お正月には神社に初詣に行き、お葬式は仏式で、バレンタインやクリスマス、最近ではハロウィンまでイベントとして取り込んでいたりする。

更には、○○箇所巡礼や霊場巡り、パワースポット探訪など、集客システムとして設定された巡礼であっても、好きな人は際限なくあちこち出掛けていく。

神や仏だと思っているとはいえ、目に見えない存在達に祈りをささげたり、お願い事をしたり、エネルギーをもらいに行ったりするという事は、その存在達との繋がりを求めて自分から行くので、それらの存在が沢山憑いていることになる。

そのせいで、私達は魂の親との繋がりをほとんど感じることができない面もある。

それ以前に、魂の親という概念そのものが無いので魂の親との繋がりを感じられないのは仕方が無い。

存在を知らない魂の親との繋がりではあるが、魂の親と子なので、繋がりが切れることは無いが、ほとんどの人がクモの糸くらい細い繋がりになってしまっている。

逆に、パワースポットや神社・お寺などに行って、自分から繋がりを求めている「それ以外の目に見えない存在達」との繋がりは当然太くなる。

これが、新しい文明への移行・アセンションを迎えたいと思う人にとって、変えていかなければならない重要なポイントなのだ。

人類全体の価値観が変わっていくにはこのままでは１００年近い時間がかかるのだが、もしあなたが新しい文明への移行・アセンションを望むのであれば、先ずはあなた自身が先祖などの霊や神や仏を名乗る存在や宇宙人や天使など、「今まで知っている目に見えない存在達」との繋がりではなく、**本来繋がるべきところ＝「自分自身の魂の親」**と繋がることを目指さなければならない。

今までの文明で繋がりを求めて来た物と繋がったままでは、当然ながらアセンションはできない。

できるのだったら、とっくにアセンションしている。

そして、「本来繋がるべきところ」＝「魂の親」との繋がりを強く太くしていくことが必要になる。

しかし、残念ながらこの「魂の親」という概念そのものが無かったので当然ではあるが、魂の親とどうやれば繋がれるのか、繋がりを太くできるのかは全く分かっていないのが現状である。

魂の親との繋がりを意識して太くしていくために、「事前にやるべきこと」や、「魂の親との繋がりを太くしていく方法論」は第7章で詳しく触れることにする。

魂の親との繋がりは非常に細く、ほとんどの人はその繋がりに気づくこともないのだが、必ず繋がってはいる。

では、私達はどんな時にその魂の親との繋がりに気づくことが出来るのだろうか？

◆魂の親はあなたにどう関わってくれているのか

私達は一人一人生まれてくる前に決めた今回の人生の目的や大きな計画、また、人生で取り組むと決めて来た課題＝履修科目があるのだが、その目的や計画や課題に取り組むために必要な「出会いや体験」を準備してくれるのが魂の親である。

また、例えば、自分で生まれる前に決めて来た人生の大きな計画から外れそうな時には、あなたの周りの現実を動かして本来の道に戻してくれたりもする。

あなたの体験の全てが魂の親の準備によるものではないし、私達自身が選択する自由度も大きいので、魂の親による準備を常に感じられるわけではないのだが、大きな課題や大きな計画については、私も何度か手助けを感じたことがある。

後になって気付いたのではあるが。

私がこの世界に入る前にビジネスで成功しかけたことがあるのだが、ある時を境に全く上手く行かなくなって、逆に非常に大変な目に会ったことが2度ある。

この世界に入って魂の親と繋がった時に、「もしかしてあの時、急に上手く行かなくなったのはあなたがやったのか？」と聞いたら、「そうだ」と言っていた。

「そちらで成功してしまうと、この世界に入らなくなってしまうからだ」というのだが、「止めるのは仕方ないが、もう少しマシなというか、ひどくない止め方にしてくれればよかったのに」と言ったものだ。

人生において決めて来た必要な人との出会いも、ものすごい段取りをして準備してくれたりする。

これも私自身何度か経験してきている。

本当に不思議な、あり得ないような流れで出会いが準備されたのだ。

このように私達は魂の親から重要なサポートを受けているのだが、私達の中に「魂の親」という概念自体が無いので、今まではそれさえ分からなかったし、神や仏を名乗る存在や神の使いと名乗る存在だったり、先祖のおかげだと思い込んでいたりしてきた。

とはいえ、先に書いたように全ての出来事が魂の親の準備ではない。

私達自身が選択したり、憑いている存在達がコーディネートしてくれた出来事や体験も沢山ある。

特にあなたに憑いている存在がコーディネートしてくれた出来事や体験は、あなたが生まれてくる前に計画したことや決めてきた課題とは別の方向に進むことになるのが難点である。

ちなみに、先祖がサポートしてくれることが無いというわけではない。

天国・極楽にちゃんと行っている先祖であれば、あなたが生まれてくる前に計画したことや決めてきた課題に取り組むための出会いや出来事をサポートしてくれることがある。

亡くなったおばあさんや、亡くなった両親が、その人を何とかして私達の所へ連れてこようとして頑張って、非常に狭い可能性をくぐりぬけて私達の所に来た人が何人も居る。

ところが、その人がセッションを受けたりトレーニングを受けるかどうかは自分自身で選ばなければならない。

亡くなった人がいくらセッティングをしてくれても、選ぶのはその人自身なのが辛いところだ。

おばあさんや両親に、頑張って連れてきてよかったねと話す事もあれば、頑張ったのに残念だったねと話すこともある。

魂の親のサポートで難しいのは、彼らは、あなたの「顕在意識での望み」例えば「この世での成功」をサポートしてくれるのではないという点だ。

私達が成功を望む時、その成功がその人の人生の計画であり設定した課題の一環であれば魂の親はサポートしてくれるであろうが、成功があなたの計画や課題の一環でない場合、あなたの成功をサポートしてくれるのは、本来繋がるべきところでは無い存在達となってしまう。

ここが非常に難しいところである。

私のところにも、時々だが「成功したい」「お金持ちになりたい」という目的で「トレーニングを受けたい」と言ってこられる人が居る。

残念ながら、私達は成功やお金持ちになりたい人のお手伝いが出来る能力は持っていないので、お断りすることになる。

トレーニングで提供できるのは、その人自身が自分の計画や課題を感じて自分で選べるようになったり、解消すべきダメージやトラウマがあったり、憑いている存在が居た場合にそれを見つけ出し、解消することが「その人自身で出来るようになる能力開発」である。

また、セッションでは、今直面している悩みや問題について、その解消をお手伝いすることは出来るが、それがその人の人生の計画や課題であるかどうかは分からない。

私達のところまで来られる人の場合は、セッションの内容がその人の人生の計画や課題である比率は高いように感じてはいるが。

●読み物：生まれてくる前の計画によって「地震を止めた話」

15年以上前の話だが、目に見えない存在達と話し始めて少し経った頃、今から見ればほんの初心者の頃の話だ。

セッションを受けに来た人で、セッションを始めると同時にそれまでなかった「見える話せる能力」が一気に開花した人＝強力な巫女体質の人が居た。

それからは一緒に目に見えない世界を研究していたのだが、ある時、現れた存在が急に「お前達は地震を止めると決めて来ただろう、そろそろやらないと間に合わなくなるぞ」と言ってきた。

突然の事であるし、「地震を止めることを決めて来た」とか言われても「そうですか」と信じるわけにはいかないので、「全く覚えがない」「いつ決めて来たと言うのか？」と問うと、「地球に来るずっと前だ」という。

どうも、今回生まれてくる時に決めて来た計画というより、もっと前から決めていた様子なのだ。

「いつ、どうやって止めるのか？」と尋ねると、「もう一人メンバーが居て、その者と3人で止めると決めて来たろう」という。

「もう一人って誰⁇」という状態だったが色々感じてみてやっと「その者だ」と言われる人に当たるが、本当にこの人なのか？　という感じだった。

知り合い程度の繋がりの上に、遠くに住んでいる人だったので、すぐには無理だというと、数か月の内には動いておかないと間に合わなくなると言われて、何とか連絡を取って翌月に来てもらえることになる。

奈良に行くことになるのだが、その前後に要らない者に邪魔をされたりしながらの工程であった。

色々あったが、最終的には「龍脳」というお香を「金龍神社」に納めて地震を止めることになる。

「お香なんて持ってないし」と、存在に話していると、巫女体質の人が、「先月勤め始めたお店の3軒隣にお香の専門店があって、先日、お香セットを何故だか分からないが購入して持っている」という。

そのセットの中に「龍脳」が入っているかもしれないという事で、確認すると確かに龍脳というお香が入っている。

これでいいのかと聞くと、「龍脳は4グラム必要だ」という。

確認すると「龍脳」はちょうど4グラム入っている。

行く前に色々邪魔が入ったのは機会があれば別の機会に触れるが、その龍脳を持って金龍神社に近づくと、「気をつけろ」と言われる。

邪魔をする存在達が居るから危ないというのだが、そう言われても当時の私達の能力では対処もできないし、恐る恐る金龍神社まで行くと、暗闇からぬっと鹿が出て来る。

びっくりしたが、鹿が「以前（奈良時代）助けてもらったので、お礼に守っている。早く終えて帰るように」というので、龍脳を供えて早々に退散した。

本当にこんなことで地震を止められたのかは分からなかったが、存在に聞くと大丈夫という。何が起こっていたのかを尋ねると、金龍＝大地を司る龍が、予定よりずいぶん早く起きて動いてしまいそうになっていたので、龍脳で一旦眠らせたのだという。

龍脳があまりにもタイミングよく手に入ったので、あれはあなたがやったのか？　と聞くと、巫女体質の人がその店に勤めるのは分かっていたので、お香の店に3年前からお香セットを置いておいて、その中にちょうど4グラムの龍脳を準備しておいたという。

巫女体質の人がセッションを受けに来る流れも、あまりにも不思議な流れだったこともあって、本当に必要なことは非常に長い時間軸で、ち密に準備されているのだと感じたのを覚えている。

ここまでは、スピリチュアル業界でもよくある、「役割」がある、とか「地震を止める」話に過ぎないのだが、この話には後日談がある。

それから3年ほどして、地震を止めたことなど忘れてしまっていた頃の話である。

事務所が大阪城に近かったこともあり、秀吉が勝手に来たり、大阪城を散歩したりする時に、時々秀吉と喋ったりしていたのだが、ある時秀吉が「あの時は危なかった」と急に言い出す。

何の話かと思っていると、「大阪城の天守閣も一部崩れてしまうところだった」というので、

「地震を止めた話か?」と聞くと、そうだという。

その頃には私達の能力も少し上がっていたので、当時地震を止めると決めて来ただろうと言ってきた存在を呼び出して、「どこの地震を止めたのか?」と尋ねていく中で分かって来たのが、「生駒断層」の地震であった。

大阪と奈良を隔てる生駒山地は南北30㎞程度の山脈であり、その大阪側にあるのが生駒断層である。生駒断層の活動によって生駒山が出来上がったほど大規模な断層だ。

その生駒断層が動いて10㎞近く離れている大阪城が一部崩れる程の被害が出るとすると、大阪の街は甚大な被害を受けることになっていたのだろう。

私の自宅は生駒断層から2キロも離れていない場所なので、地震が起こっていれば大変なことになっていた。

「地震を止める、止めた」と言っても、起こらなかった地震は、本当は起こっていたものなのか、本当に止めたのかが分からないのが実際だ。

私達は当時、「最初の頃だったし、また騙されて金龍神社に行かされたのかもな」という位にしか思っていなかったのだが、この秀吉の発言で初めて、本当に地震を止めたんだ、と思ったくらいだ。

ちなみに、全国に金龍神社は沢山あるようだが、金龍神社に龍脳を持って行けば地震が収まるという事は全く無いので、誤解の無いように書いておく。

ほとんどの金龍神社に金龍は居ないし、もし居たとしても、その金龍が地震を起こすとは限らない。

また、地震を起こす金龍だったとしても、人間の時間軸で見ると何千年先の地震かもしれない。

そして龍脳で止められるとも限らない。

人間が介入できる領域ではないのだ。

宇宙や地球の流れで、本来起こるべき地震は何をしても起きる。

たまたま何らかの理由で予定外に起きそうな地震しか止めることは出来ないと思っておいた方が良い。

◆何が人生の計画なのかは分からない

生まれてくる前の計画の実例として地震を止めたという体験を書いたが、この本の内容である新しい文明への移行・アセンションを迎えるためにやるべきことや、次元の能力の開発のプロセスなど、私達の人生で起こった幾つかの出来事は、後になって人生の計画であったことに結果的に気づくことがあった。

生まれてくる前の計画は１つではない。

私達人間は、生まれてくる前の計画を胎児期に記憶から抹消するシステムになっているので、人生において起こること、為すことの幾つが人生の計画であるかも分からないし、知る由もない。

孔子ではないが、「天命を知る」のは非常に難しいものなのだ。

だが、あなたの魂の親は、あなたが決めて来た大きなテーマについて、計画を完遂できるように、出会いや出来事を準備してサポートしてくれる。

しかし、あなたがそれを選ばなければ、計画は実現しない。

地震を止めた話の例で言うと、３人目のメンバーに無理してアプローチして大阪まで来てもらったり、色々あって、２晩続けて奈良まで行ったりするなど、訳の分からないことを選ばなければ、地震を止める事は出来なかった。

このように、何を選べば計画が実現できるのかもわからないし、それ以前に何が計画なのかもわからないのが難しいところだ。

次元の能力を開発して、魂の親との繋がりが強くなると、人生の計画は少しだけ「感じられ」やすくなる。

あくまで、ある程度「自分で感じる」ことが出来るようになるだけであり、緊急事態など特別な場合を除いて魂の親が教えてくれることは無いと思っておいた方が良い。

もしあなたに「人生の計画を教えてあげよう」という人や目に見えない存在達が現れたとしたら、先ずは疑ってかかる方が良い。

◆直観・インスピレーションというサポート

魂の親がしてくれることの2つ目は、ある程度誰にでも感じることが出来るものだ。

それは、「直感・インスピレーションとしてメッセージを送ってくれる」ことである。

直観・インスピレーションはどこから来ているのかについては、いろいろな考え方があるようだ。

自分の内面の潜在意識や無意識から来ているという説もあるようだが、私が心理学で学んで直観・インスピレーションを意識しだした頃に、直観・インスピレーションが来た瞬間を認識できたことがあった。

その時考えていた事とは関係なく、本当に直接「脳・意識」に直観・インスピレーションが入って来たのを感じることが出来た。

残念ながら、スピリチュアル業界の人を中心に、ほとんどの人には色々な目に見えない存在達が憑いていて、特に何かを信じていてその存在との繋がりを自分自身が求めていると、本来その人が繋がるべき魂の親との経路の「間」に、憑いている存在が入り込んでいるため、本当の直観・インスピレーションよりも、憑いている存在からのメッセージを受け取ってしまっている人も居たりする。

私達は、直観・インスピレーションという、魂の親からのメッセージを出来るだけ受け取りやすくしていかなければならない。

それぞれの人が自分の魂の親との繋がりを確かなものにしていくには、今まで繋がってきた要らない物達を取り除き、魂の親との繋がりを徐々に確実なものにしていく必要がある。

私たちが提供しているトレーニングでは、憑いてる物達を取り、魂の親との繋がりを太くしていき、魂としての本来の力を使えるように能力開発をしていく。詳しくは第７章で触れる。

トレーニングまで受けなくても、日常で直観・インスピレーションを受け取りやすくなるように、心理学で学んだ「直感・インスピレーション」と「思考」の簡単な見分け方を説明しておこう。

【直観・インスピレーション】
・声が小さい
・最初に来たもの
・一度しか来ない

【思考・エゴの声】
・声が大きい
・1番目を否定する内容
・何度も何度も色々と

簡単な内容だが、非常によくできている。

直観・インスピレーションは、「最初にふっと感じるもの」で、それに対して「いや、でも、だって、こうかもしれないし」とそれを否定する思考が色々言ってくる。

意識して、直観・インスピレーションと思考・エゴの声の違いを感じてみると面白いので、やってみると良い。

分かりやすい例として、何かを買いに行った時に、最初に「あ、これ良いな」と思ったものがあった時に、私達はつい「もっと他の店に良いもの・気に入るものがあるかもしれないし」とあちこちの店や品物を見に行ったりする。

ある程度直感の優れた人は、結局色々見た後で、最初に良いなと思ったものを買うことになるのだが、考えてしまう＝思考タイプの人は、どれが欲しいものなのか分からなくなって、別の要らない物を買ってしまったり、また出直してくることになる。

こんな日常の些細な出来事でも、魂の親は、直観・インスピレーションという形であなたをサポートしてくれていたりするのだ。

本来繋がるべき魂の親について触れて来たが、それ以外に、興味を持っている方が多そうなテーマについていくつか触れておこう。

◆ソウルメイトやツインソウルについて

スピリチュアル業界では、ソウルメイトを探したり、ツインソウルを探したりしている人が居るそうだ。

ソウルメイトとはどんなものかを説明するとしたら、劇団で説明するとわかりやすいだろう。

例えば、80人とか１００人とかの緩やかな繋がりの劇団があって、あなたの今回の人生という演目では、その中の50人が出演する。

その50人があなたの人生に登場してそれぞれの役を演じてくれるわけだ。

両親役、パートナー役、子供役、友達役、先生役、同僚役、上司役など、人生の登場人物の中の何人かが劇団員であり、あなたの人生演劇のストーリー（計画）に沿って、それぞれの役の人達があなたと関わり、色々な体験をさせてくれる。

一回死んで、次に生まれてくる時には、新しい演目になり、ストーリーも違うので、一緒に舞台に出る出演者が次の回は70人だったりする。

その時には、両親役、彼氏役、友達役などは、また別の人がやってくれる感じである。

演目が変わるから、配役は毎回変わるし、出演人数が変わるので、毎回その人と必ず出会うとは限らない。

「次回はこんな関係性でお互い体験をしよう」と、生まれてくる前に相談して役柄を決める。

ちなみに、ソウルメイトとの関係性は良い関係だけとは限らない。

人生演劇には憎まれ役や敵役も必要だから、前回の家族やパートナーが今回は憎まれ役を演じてくれることもある。

ソウルメイトを「素晴らしいパートナー」だけだと思っている人もなかにはいるようだが、お互いの人生の計画に協力しあう仲間の魂であり、それぞれの人生の計画の実現に協力しあうゆえに、素敵な関係もあれば、あなたに辛い経験を提供してくれるソウルメイトも居る。


ツインソウルについても、定義にもよるのだろうが、いつかの時点で二つに分かれた魂と定義すると、ツインソウルの片割れを探し出そうとしている人がいるようだが、ツインソウルの相手を探し出すのは、あまり意味が無い。

ツインソウルを探している人の中には、ツインソウルこそが真実のパートナーだと思い込んでいる人もいるようだが、人生においてツインソウルと出会って何らかのパートナーシップを取っても、元が同じ魂だった故に、学びが少ない。

違う魂と接するからこそ人生で学びがあり、体験の幅が広がる。

ツインソウルの片割れが居たとしても、探し出して会う必要がある訳ではないのである。

どうしても必要があれば必ず出会うのだが、そこからどんな関係性を持つのかも選ばなければならない。

◆ハイヤーセルフと魂の親について

スピリチュアルや心理学の世界で、ハイヤーセルフという言葉が使われている。

「高次元の自分自身」という意味で使われていたり「導いてくれる高次元の存在」を示しているようだ。

高次元の自分からのメッセージを伝えますと言って講演会をしている人も居るようだが、あなたの魂は今現在あなたの中に存在しているので、高次元の自分が自分自身をサポートすることはない。

また、魂の親と言う概念がなかった今までのスピリチュアルや心理学で、魂の親をハイヤーセルフと呼んでいる可能性は先ずないので、これも別物と考えた方が良い。

もし誰かに、ハイヤーセルフがサポートしてくれていると言われたら、何らかの目に見えない存在が憑いている可能性が高い。

同様に、ハイヤーセルフとの繋がりを自分自身で求めたり、ハイヤーセルフに繋げてくれるという人に頼むと、何らかの目に見えない存在に繋がることになる。

私たちが本来繋がるべき存在は、自分自身の魂の親だけであり、ハイヤーセルフではないのである。

◆とり憑かれや多重人格について

最近、精神科では「多重人格」という言葉は使わなくなって、「解離性同一障害」と呼ぶようだが、セッションで、その人に別の存在が複数入り込んでいるのを取っていく経験を結構してきた。

胸のあたりに魂の入るスペースがあるのだが、精神的なダメージを受けたり、自己肯定感が低くて魂が縮んでしまっている人がいる。

スペースの大きさに対して魂のサイズが小さくなってしまうので隙間ができ、他の存在が入って来れるようになる。

外側に憑いている物も、中に入り込まれてしまった物も「憑いている」という意味では同じである。

入り込むのは人間の霊もあるが、動物霊や悪魔などいろいろな種類の存在が入って来る。

複数入っていると、色々な存在と同居しているような感じになって、それが多重人格的に出てくることがある。

精神科・心療内科で解離性同一障害と診断される症例が全てそうだとは言えないが、外側に憑かれているにしろ、内側に入り込まれているにしろ、憑いている存在は取らなければならない。

その存在が、その人が信じていたり、必要だと思っている存在であったとしても、何かに憑かれて良い事は何もないからだ。

憑依の定義によるのだが、何かに憑かれている事によって人格を乗っ取られている状態を指すのであれば人数は少なくなるが、乗っ取られるほどでなくても人格や精神状態などに影響を受けている状態を憑依と呼ぶのであれば、その人数は膨大な人数になる。

ある意味人類すべてが憑依されていると言っても過言ではないのが、今までの文明の現状で

魂の親は自分の真上にいる

信じていいか悪いかは、自分にアクセスしてくる方向によって判断できる。魂の親は真上から強く細くレーザー光のように降りてくる。これを捉えることによって大きなエネルギーが与えられ、自分の次元が高まる（周波数が上がる）。
たとえ真上からであっても、大きさが感じられるものは、よくないものが偽装している可能性がある。
違和感があるときは、そのものに問いただすことによって確認できる場合もある。

ある。

ちなみに、心理学や精神科・心療内科では、魂という概念や、「憑いている」とか、「入り込まれている」というのは考えることも無いし、定義することも研究されることも無い、その辺りが学問の限界である。

心理学の世界では、憑いている存在を見つけることも対処することもできないのでそれは仕方のないことではあるが。

魂の親とソウルメイト

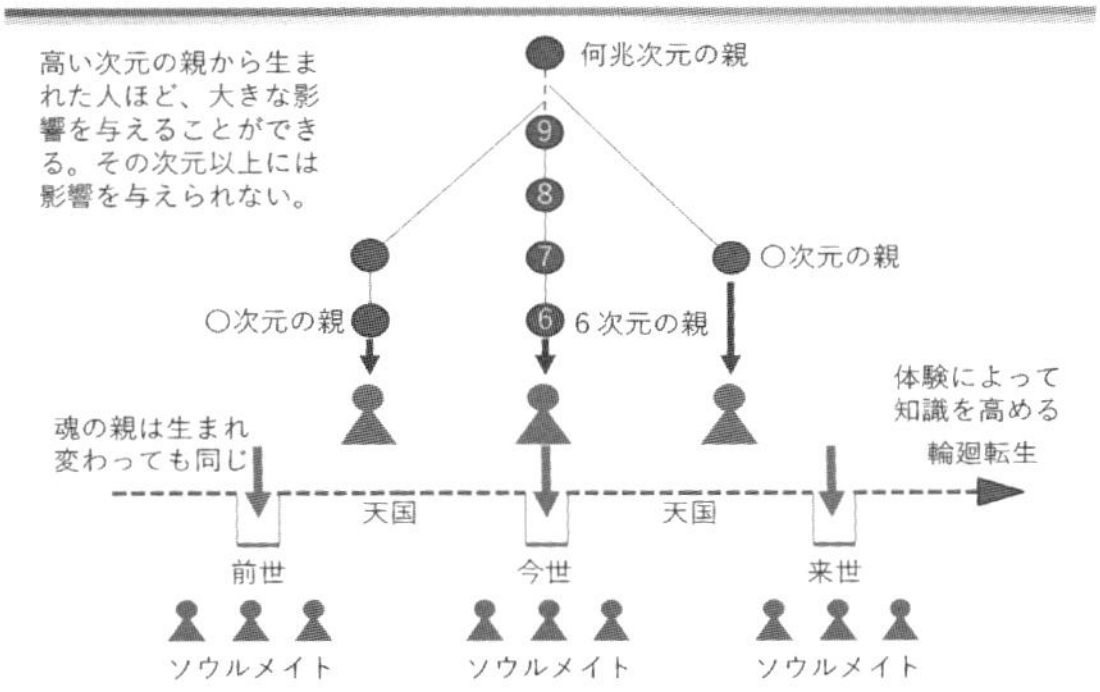

魂の親と憑き物

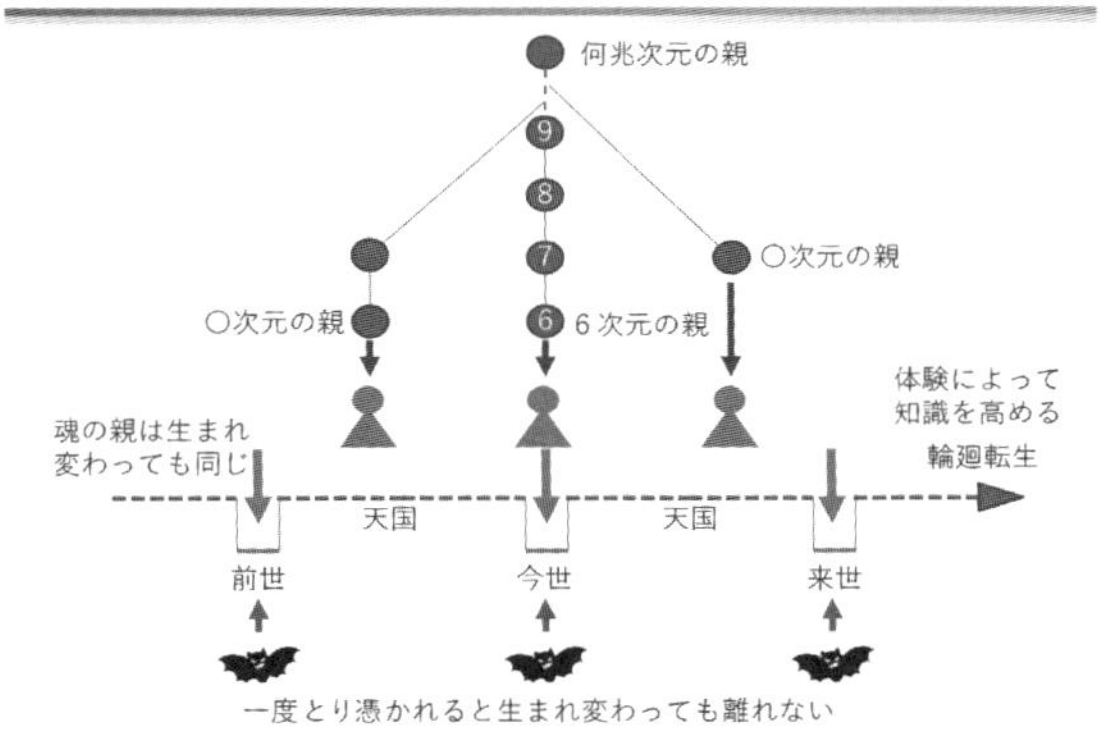

魂の親と肉体の系統

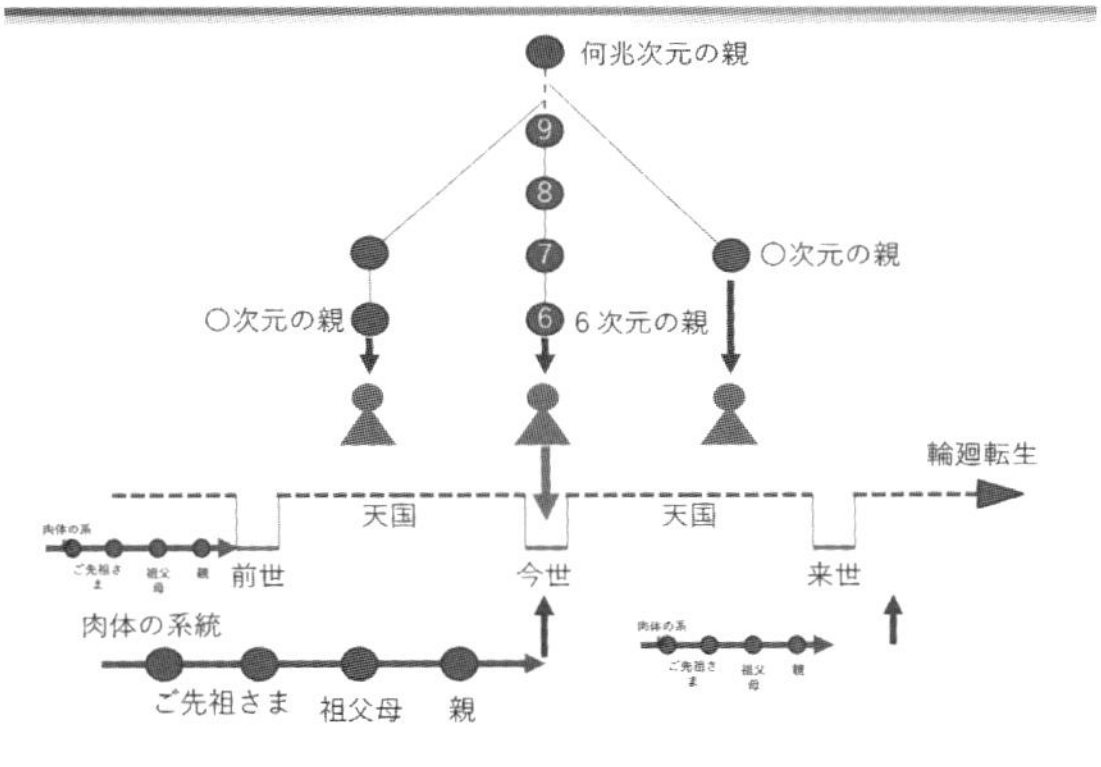

第7章

新しい文明へ移行する重要な鍵「次元の能力」を開発するための特別メソッド

◆トレーニングによって次元の能力は開発できる

本書で「次元の能力」と呼んでいる能力は、その人の魂が宇宙に生まれた時点の次元の能力であり、その人の魂が本来持っている能力である。

どんな能力なのかは説明が難しいのだが、その人の魂が生まれた次元のエネルギーを使える能力という感じである

その能力で何が出来るのかについては、その人の魂が生まれた次元によって変わってくるし、私達でもまだ何が出来るのか全ては分かっていない。

実は、次元の能力で出来ることが全て分かっていなくても特に問題はない。

逆に、3次元の人間には完全には分かることは無いであろうし、さらに重要なのは、次元の能力を使うに際して、人間の「意図」で使うものではないという点である。

具体的には後述のセッションの説明で触れるが、高次元のエネルギーは、3次元の人間の浅知恵で使えるものではなく、高次元のエネルギーそのものに任せて使うものである。

この、その人の魂が宇宙に生まれた時点の次元のエネルギーを、今3次元にいるその人自身が使えるようになるために能力を開発するのがトレーニングの一つの目的である。

能力開発以外にも、その能力を使って何かをする時のノウハウやメソッドを含めてトレーニングをしていく。

今までの文明においては「修行」によって又は「伝授」によって神や仏を名乗る存在や神の使いと名乗る存在と繋がって、その存在の力を借りて何らかの「能力」を使えるようになるというシステムが一般的である。

宗教的なものを含めて、セラピーやヒーリングであったり、果ては宇宙語を話せるようになるトレーニングまであったりする。

何度も触れて来たように、あなたが新しい文明への移行・アセンションを目指すのであれば、**「あがめるのをやめましょう」**であり、今まで繋がろうとしてきた「目に見えない存在達」と繋がったり、力を借りるために、修行やトレーニングや伝授をするのではなく「本来繋がるべきところである、魂の親」との繋がりを太くすると同時に、自分自身の魂としての本来の能力を使えるようになることを目指すトレーニングをしていく必要があるのだ。

しかし、人間は、今まで信じて来た物を捨てて、新しい価値観を身に付けるのは非常に難しい。

私達も痛切にその難しさを感じて来た。

トレーニングでは、その人が自分の魂としての能力を使えるようになる能力開発をサポートすると同時に、その能力を使って何が出来るようになるのか、能力をどう使うのかを非常にシンプルなプロセスで提供している。

本章ではその概要をお伝えしておく。

本章にトレーニングの概要を書いておくのには理由がある。

新しい文明への移行・アセンションがこのままあと100年近くかかるとしたら、その時には私達はもう居ない。

私達が死んだあと生まれてくるその役を担う人達が少しでもスムーズに自身の能力を開発して、果たすべき役割を果たせるようになるためにトレーニングの内容が必要だと考えているからである。

◆今まで信じて来た物・繋がって来た物を知ることが重要

トレーニングの最初の段階で、その人が今まで信じて来た物・繋がっている物が本当は何者なのか、何を目的にあなたに繋がっているのか、どういうところに問題があるのかを、本人に確認してもらうようにしているのだが、このプロセスが非常に重要である。

人によっては、この段階を経ても、後に今まで信じて来た物に戻っていく人も居たりする。

それはその人のプロセスなので仕方ないのだが、せっかく魂の親が段取りしてトレーニングを受けるところまで何とか来たのに、もったいないと思う。

◆次元の能力とは

私達一人一人の魂はいつかの時点＝次元で宇宙に生まれているのだが、今までの文明においては、「魂の生まれた次元」などという概念はなく、さらに「生まれた次元における魂としての能力」というものがあり、「その能力を開発できる」という事など、考えたことも無い。

私達も最初から次元の能力という概念を持っていた訳ではなく、繋がれる・扱える次元を上げていくプロセスの経験と、自分達を含めて、来られる人のセッションやトレーニングという実践を通じて、次元の能力という概念が徐々に明確になり、その能力が開発できるということを確認してきたのである。

次元の能力という概念自体はいたってシンプルなもので、「その人の魂が宇宙に生まれた時の次元のエネルギーを使える能力」を指している。

今の私達は３次元の地球に住んでおり、自分も３次元の存在であると思っている。

確かに肉体は３次元の着ぐるみなので、体主霊従の考え方から言うと、自分が３次元の存在であると思うのは当然である。

しかし、魂主体従へと意識を変えて見ると、その人の魂の次元が3次元とは限らない。

先にも触れたように、6次元の宇宙人の過去世を思い出した人は何人もいたし、8次元の星だった過去世を思い出したり、さらに古い魂の人の中には一つの宇宙そのものだった過去世を思い出す人も居た。

ちなみに、宇宙そのものだった記憶は、その人が膨大にある宇宙の一つの、ONEだった過去世があるという事である。

宇宙人や星だった過去世を持っている人が、宇宙人だった6次元や、星だった8次元がその人の魂の生まれた次元という訳ではなく、さらに古い・高い次元の時期に魂が生まれ、その後の輪廻転生の中で宇宙人だった時期や星だった時期を経験してきたというケースも多い。

次元の能力はその人の魂が生まれた次元の能力なので、一人一人違っている。

また、もともと魂として持っている「能力」なので、「トレーニング」によって開発することが出来る。

ただ、今までは、魂の次元の能力を開発するという概念自体が無かったし、能力を開発するための方法論も無かった。

当然、次元の能力を開発するサポートが出来る能力を持った人も居なかった。

私達は自分達自身の能力を開発していくプロセスとノウハウを積み重ねる中で、最終的には非常にシンプルな方法論で、魂の次元の能力を開発できるようになった。

詳しくはトレーニングの説明で触れるが、最初から一気にその人の魂が生まれた次元の能力を開発できる訳ではない。

現在3次元とか6次元とか、その人が見えたりコミュニケーションが取れる次元が、今のその人の次元の能力である。

いくら魂が100次元以上の3桁の次元や1000次元以上の5桁の次元で生まれていたとしても、現状の3次元の能力や6次元まで見える能力から一気に3桁とか5桁の次元に能力を上げて行く事は出来ない。

トレーニングによって徐々に次元を上げていき、最終的にその人の魂が宇宙に生まれた時の次元の能力を使えるようになる。

ちなみに、次元の能力はその人の魂が宇宙に生まれた時の次元が最高であり、それ以上の能力を持つことは出来ない。

一人一人到達できる次元は違うことになる。

スピリチュアル業界で、「全てはONEから始まっているので、全ての存在はONEに繋がっており、全ての存在がONEに繋がることが出来る」的な表現がされているとのことだが、

親をたどっていくことで自分の次元が上がっていく

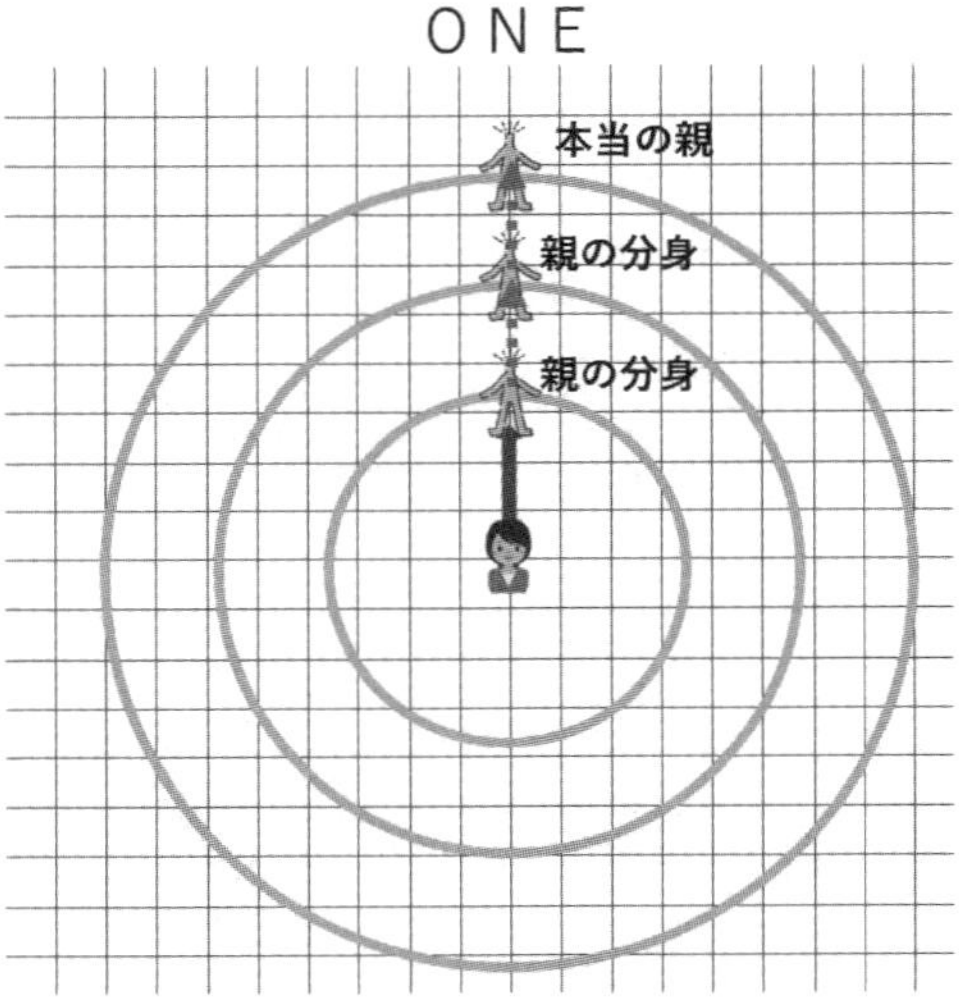

真上に本当の親がいる、その親は方向性を与えるために低次元の自分の分身を見せてくれる。自分の次元は魂の親の次元までは高めることができる。次元が高まるとは、自分のアクセスできる空間が広くなること。空間が広がると使えるエネルギーが高まる。周波数（ν）とエネルギー（E）は比例関係にあるため、エネルギーの増加は周波数（波動）を高めることになる。この波動を他者の次元を高めることに使うことが、地球を通じた宇宙全体のアセンションを実現することに繋がる。

$$E = h\nu$$

それぞれの魂が辿れるのは自分の魂を生んだ魂の親までで、それ以上の次元に到達することは出来ない。

すべての人がＯＮＥに繋がることができる訳ではないのである。

ちなみに、一般的に言われているＯＮＥは、１３８億光年のこの10次元までの宇宙の始まりの存在を指しているのだが、スピリチュアル業界の中には、ＯＮＥに繋がっている、ＯＮＥからのメッセージを受け取っていると言っている人が居るようだ。

そういう人は、繋がっている・話している相手が本当のＯＮＥなのか、６次元の宇宙人に騙されているだけなのかを確認してみようとしたほうが良い。

トレーニングを受けた人は、魂の生まれ

た次元がある程度以上高い人であれば、10次元のＯＮＥまで繋がることが出来るようになるのは当たり前なのだが、その先の、私達が「根源」または「根源のＯＮＥ」と呼んでいる、無からの始まりのＯＮＥに繋がれるのは、根源のＯＮＥから直接生まれた魂＝根源のＯＮＥを親に持つ魂だけであり、全ての宇宙を含む全体においても、ほんの数えるほどの数ということになる。

■【トレーニングについて】

◆なぜトレーニングの説明をするのか

前にも触れたが、このままだアセンションに１００年近くかかってしまうとすれば、これから生まれて来るアセンションを担う人達が私達と接してトレーニングを受けたり、直接内容を聞く機会が無い可能性がある。

本書の表題の候補の1つは、「新しい文明への遺言」であったのだが、将来、アセンションを担う人達が、この本に出会い、アセンションを担うのに必要な自分自身の能力開発ができるように、ここにトレーニングについての詳細を触れておく。

スピリチュアル業界であったり、いろいろな分野で能力開発をしてきた人であっても、この章を読むだけで自身の次元の能力を開発するのは不可能である。

だが、将来アセンションを担う人であれば、トレーニングの概要を読むことで、次元の能力の開発と、目に見えない存在達を扱う事、自分や周りの人のトラウマやダメージを解消することが出来るようになる可能性がある。そのために本章を記しておく。

◆どのような人に次元の能力開発のトレーニングがお勧めなのか

✦自分の生まれた役割・目的を生きたいと望んでいる人
✦人類や地球や宇宙に役立ちたいと望んでいる人
✦周りの人を助けたいと望んでいる人
✦アセンションを望んでいるが、何をすれば良いのかわからない人
✦色々なセラピー・ヒーリングなどを学んできたが、自分の望むものにまだ行き着いていないと感じている人
✦今まで信じて来たもの、学んできたものが本当に正しかったのか？　と思っている人
✦本当の自分を知りたい人

などである。

トレーニングは、あくまでその人の魂が本来持っている能力を開発していくものであり、非常にシンプルに作ってあるので、特に難しいものではない。

だが、次元の能力開発のためにトレーニングを受けるには、相当のエネルギーと意欲が必要である。

何かの講習のように、講習を何時間受ければ終了証や受講証がもらえたり、試験に通れば免許がもらえたりするようなものではない。

ある意味スポーツのトレーニングと似ている。

同じトレーニングを同じ時間受けたとしても、プロになれる選手もいれば、アマチュアで終わる人もいる。

実際、人によってトレーニングが何時間かかるかはやってみないとわからない。

到達するレベルもその人の魂が生まれた次元が最大であるので、人によって違う。

できるようになる内容も人によって違う部分がある。

次元の能力はその人の魂が持っている能力を使えるようになるものなので、このような違いが出て来る。

また、習得のスピードや能力開発のスピードも一人ずつ随分違う。

過去世で巫女や神官などを沢山経験してきた人は、能力開発のスピードが速いことが多いのだが、今回の人生での、経験や観念・常識や考え方によっても能力開発のスピードに大きく差がつくのが難しいところだ。

◆次元の能力を開発すると何ができるようになるのか

✦目に見えない存在達が見える・話せるようになる
✦目に見えない存在達を問い詰めることが出来るようになる
✦目に見えない存在達の本当の姿を見極めることができるようになる
✦目に見えない存在達に対処する（取る、返す／還す）ことが出来るようになる
✦顕在意識や潜在意識・無意識に残っているダメージ（想い、感情、思い）を解消することが出来るようになる
✦ダメージやトラウマやＰＴＳＤの原因となった出来事を解消することが出来るようになる（今世、過去世）
✦周りの人についても同じことが出来るようになる
✦ヒーリングやセラピーやボディワークなど今やっているメソッドを、「自分の魂としての

能力」を使って行うことが出来るようになる

◆トレーニングの基本ステップ

（1）見える・話せる力の開発
（2）本来繋がるべきところと繋げる
（3）憑いている存在を取る・返す／還す、心や頭のダメージを解消する、ダメージの原因となった出来事を解消するノウハウを学ぶ
（4）本来繋がるべきところとの繋がりの次元を上げて行く
最終はその人の魂が宇宙に生まれた時の次元のエネルギーを使えるようになる所まで、徐々に繋がり先の次元を上げて行く。

◆各ステップの解説

（1）見える・話せる能力の開発

トレーニングでは、まず最初に、「目に見えない存在達を見たり話せる能力」の開発を行う。

基本的には、私達の高次元のエネルギーを調整しながら受講生に降ろして、一時的に見えやすい状態を作り、目に見えない存在達を見る・話す経験をしてもらうことから始める。

目に見えない存在たちを見る。話せる能力については、その人の本来持っている能力が強く影響するので、中にはカラーで動画で存在達や色々なシーンが見え、会話も非常にクリアにできる人もいるが、全ての人が非常にクリアに存在達やシーンが見えたり、話ができる訳ではない。

人によってはなんとなくこんな感じがするというような見え方だったり、こんなことを言ってるような気がするというような感じ方だったりする。

トレーニングの時にどのような目に見えない存在達を見てもらう・話してもらうかはケースバイケースであるが、どのような目に見えない存在達を対象とするのかについて触れておこう。

よく扱う目に見えない存在達の種類は、生霊、霊、天使、悪魔、鬼、宇宙人、妖怪、魔物などである。

実際には、これらの存在が神や仏を名乗っていたり、姿を偽って良い存在に化けていたりすることも多い。

また、どんな物や人に憑いている目に見えない存在達を対象として見ていくのかについては、これもケースバイケースであるが、以下に例を挙げておく。

●波動グッズ、エネルギーグッズ、パワーストーン、お守り他、家にある古いものなど、気

になる物のエネルギーの源となっている存在やそのものに憑いている存在など

●その人自身の悩みや問題に関与している・その人自身に憑いている存在

●家族や大切な人に憑いている存在

●スピリチュアル業界の人や知っている人、関わった人で気になる人に憑いている存在

●自宅、職場、気になる所、聖地、神社、お寺、パワースポット、滝、磐座、などの場に居る存在達

基本的な対象はこれらの目に見えない存在達を見つけて、話をしていくことになるのだが、トレーニングを受けられる方の状況や興味によって対象は変わっていく。

このプロセスにおいては、当然、目に見えない存在達を見たり話したりできるようになることが重要なのだが、同時に、今まで「あがめて」いたり、「素晴らしい・すごい」と思っていたりした人であったり、目に見えない存在達の「本当の姿」を見たり、本当のことを聞き出すことで、その人自身の今までの価値観が変わっていくことも非常に重要になる。

また、先祖や身内などの霊を見たり話すことで、輪廻転生であったり、当たり前だと思っている葬式やお墓や供養などについて、本当のことを知ることで価値観が変わっていく部分もある。

見つけた目に見えない存在達については、最初は私達が還すことになるのだが、その存在達

周波数を高めると構造が見えてくる

周波数が低いということは、問題を大きな形でしかとらえることができない。どこから手をつけていいか分からない。
周波数が高まると、問題構造が見えてくるので、対策を考えられるようになる。

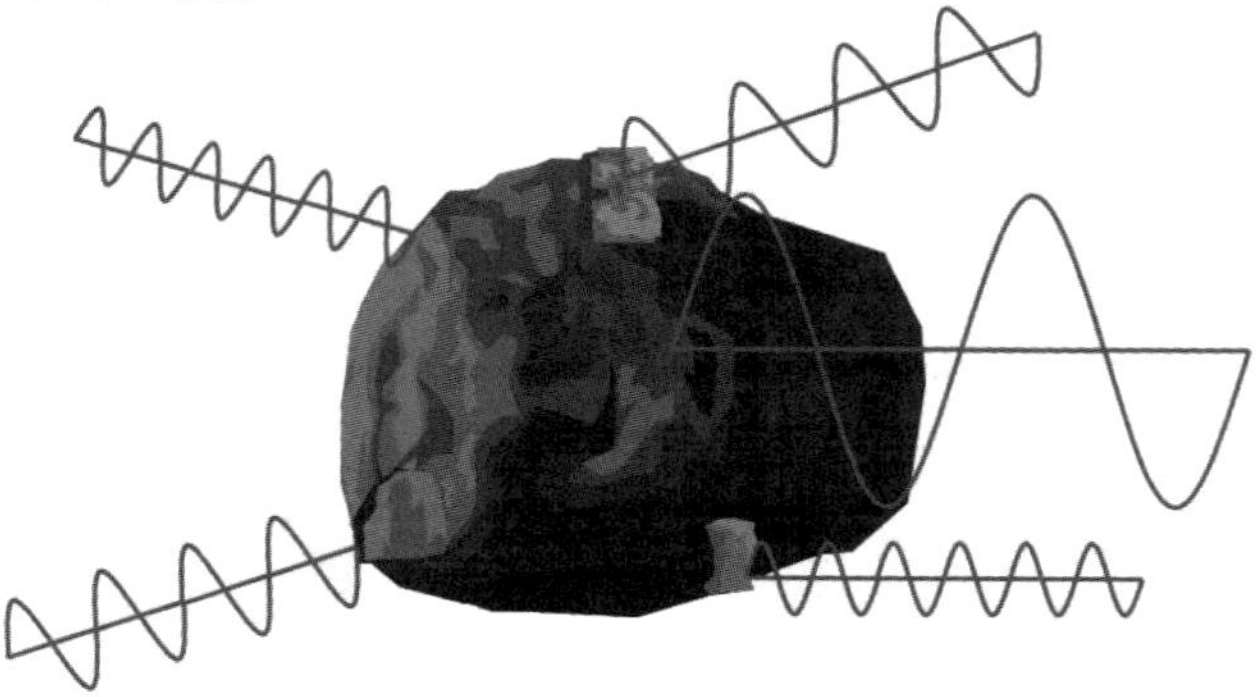

と私達のやり取りや、還すプロセスを実地で体験できること、その解説を聞けることはトレーニングの大きな価値である。

見える・話せる能力の開発は、トレーニングの第一段階であるが、興味のある存在達を一通り見た後は、その人の「悩みや問題」を例題として使ってトレーニングを進めていく。

悩みや問題に関連してその人に憑いている存在を捜し出して、見てもらったり話してもらったりする。

当然、見つけた「憑いている存在」は還す。

また、その悩みや問題の原因となった出来事や残っているダメージも解消する。

これによって、その人に憑いている目に見えない存在達が減って行くと同時に、ダメージが減って行くことで、その人自身（の魂）が徐々にクリアになっていくために、見える・話せる能力がより開発されやすくなってくるのである。

これは、新しい文明への移行・アセンションを望むのであれば、一人一人が行う必要がある「低い周波数のネガティブなトラウマや思いや感情などのダメージの解消」でもある。

トレーニングの例題としてその人自身の悩みや問題を解消することで、能力の開発も同時に行えるので、一石二鳥である。

◆波動グッズ・エネルギーグッズが危ない

実際のトレーニングの事例だが、私のところに来る前に何年間かスピリチュアル業界に関わってきた人のケースである。

トレーニングの初日に、本書の第3章で触れた、目に見えない存在達やそれぞれの次元について説明するのだが、その時に、「これは大丈夫でしょうか？」と、たまたま持っていたグッズを出して来られた。

トレーニングなので、せっかくだし自分で見てみましょうと、見える状態を作ってグッズを見てもらうと、それぞれに悪魔や宇宙人が憑いているのが見える。

何をしているのかを問うと、グッズを通じて人に憑いているという。沢山の人に憑くこと自体を目的としていたり、憑いた人のエネルギーを吸っていたりする。

波動グッズにしろエネルギーグッズにしろ、「何らかのエネルギー」があるので効果があるものとして作られ、売られているのだが、作っている人も売っている人も、そのエネルギーが「何の」エネルギーなのか、「本当の目的は何なのか」を把握できているケースはほとんど無い。

体調がよくなったり気分が良くなるなど、3次元的な効果があるということで作ったり売っているのだが、悪魔の手先や宇宙人の地球侵略の手先になってしまっている。

善意だとしても、悲しいものだ。

◆見えたり話せたりする人達の方がトレーニングは簡単なのか

今すでに目に見えない存在達が見えたり話せたりする人達にとっては、トレーニングはより容易なのかというと、そう簡単な話ではない。

今まで自分が話してきた・力を借りていた存在達を分かっている人にとって、その存在が本当はどんな存在なのか、何を目的に自分と関わって来ているのかを本当に確認するのは、とても怖いことであり、ある意味とても辛いことである。

今まで自分が繋がっている存在は「素晴らしい存在だ」と思って、それをたくさんの人に伝えたり、その存在のエネルギーを使ってセラピーやヒーリングをしたりしてきた人ほど、その怖さがある。

私も、「あぁ、あの時の繋がり先はこんな存在だったのか……」という体験を、レベルが上がっていく中で何度か気づいてショックを受けたことがある。

それまでのレベルでは分からなかった、判断できなかったのである。

しかし、それに気づいてしまったら、新しいステージに進むしかない。

うすうす気づいていながら、これまで通り自分自身も周りの人もだましていくよりは、今までの繋がり先を精査して、不要な繋がりを排除し、本来繋がるべきところに繋がることが、見えたり話せたりする能力を持った人の一つの使命なのだ。

特に自らのアセンションを望み、周りの人のサポートも望む人にとってはそうだ。

また、この見える能力は、ダメージの原因となった出来事を今世からさかのぼって過去世まで探していく際にも必要となる能力である。

（２）本来繋がるべきところと繋げる

興味のある存在を見たり話したりする、悩みや問題に関連して憑いている存在を見つけたり話したりするトレーニングを続けて、見える・話せる能力がある程度開発できた段階で、その人が本来繋がるべき存在と繋げるプロセスに入る。

先に触れたが、その人が本来繋がるべきところは最終的にはその人の魂を生んだ「魂の親」にあたる存在になるのだが、最初から自身を生み出した次元の魂の親と繋がれる訳ではない。見える・話せる次元がその人のその時点の次元の能力なので、例えば6次元の宇宙人が見えて話せるようになった人が、いきなり100次元の魂の親と繋がることはできない。

まずは今のその人の次元の能力より少し上の次元の魂の親の分身のような存在に繋げることになる。

魂の親だけがあなたの本当のサポーターなのだが、その時点でのその人の次元の能力に応じて、ちょうど良い次元まで繋がり先を上げて行くことになる。

トレーニングの期間を通じてこれを繰り返しながら、繋がり先を何段階かで階段状に上げて行き、最終的にはその人の魂の親に繋がれるようにしていく。

(3) 対処・対応するノウハウを学ぶ

◎憑いている存在を取る・返す/還す

◎心や頭のダメージを解消する

◎ダメージの原因となった出来事を解消する

見える・話せる能力の開発と、本来繋がるべきところと繋がる段階を終えた時点から、憑いている存在を取る、心や頭のダメージやその原因となった出来事を解消することができるようになる。

当然、その時点でのその人の繋がれる次元によって、扱うことができる「憑いている存在」の次元は制限があるのだが、ほとんどの場合、物や人に憑いている存在は４～７次元が多いので、繋がり先の次元を上げる第一段階を終えただけでも、その程度の存在を扱う事は出来るようになる場合が多い。

物や人に憑いている目に見えない存在達を扱うためのノウハウと、心や頭のダメージやその原因となった出来事を解消するノウハウは、その人自身の悩みや問題の解消のプロセスや物や場所に憑いている存在を取ったりする中で、解説を聞きながら学ぶことができるので、能力の開発と同時進行でノウハウを身に付けることができる。

この、その人の悩みや問題の解消のプロセスや人や物や場所に憑いている存在を取ったりするというのは、基本的には通常行っているセッションと同じである。

目に見えない存在達への対処、対応とトラウマやダメージに対処・対応するノウハウの具体的な項目を以下にあげておく。

✦憑いている存在の見つけ方
✦憑いている存在の問い詰め方
✦憑いている存在の取り方、還し方
✦特に霊の場合の返し方
✦トラウマやダメージの原因となった出来事の見つけ方（現在〜過去世）
✦トラウマやダメージの原因となった出来事の解消の仕方
✦心と頭に残っている（顕在意識、潜在意識・無意識）ダメージの見つけ方
✦心と頭に残っている（顕在意識、潜在意識・無意識）ダメージの解消の仕方

長年の研究の結果、それぞれの項目のノウハウ自体は、非常にシンプルで簡単にしてある。

私達の能力がまだ発展途上の段階では、当然ノウハウも存在していないし、次元の能力もそれほど高く無いために、例えば非常に大きなトラウマとそのダメージを解消するのに何時間もかかったことがある。

その後新しい出会いによって次元の能力が飛躍的にレベルアップしたこともあるし、ノウハウ自体も非常にシンプルで簡単なものにブラッシュアップして来た。

当時何時間もかかったトラウマやダメージの解消は、次元の能力が最大化した今なら、数分

という時間で解消できるようになっている。

◆目に見えない存在達を返す（帰らせる）・還すということ

神道や仏教に「祓う」という言葉があるようだが、「祓う」というのは、憑いている存在を取り払うことなのであろう。

私達の行っている目に見えない存在達を「返す」というのは、本来その存在達が居た次元や場所に戻す・帰らせることである。

トレーニングでの、その人の次元の能力によって変わってくるのだが、本来3次元の地球に介入してはいけない存在達が人や物に憑いているのだが、彼らが本来いるべき場所、例えば宇宙人なら母星であったり、妖怪なら元居た宇宙へ帰らせる必要がある。

帰らせるには、その存在より高い次元の能力が必要となるし、必要に応じて母星の統治者に話をして連れて帰ってもらうこともある。

帰らせる存在の種類や状況に応じた対処となるのだが、このノウハウも随分とシンプルにしてあるので、そんなに複雑なものではない。

更に、目に見えない存在達について、「還す」という言葉も使っている。

これは次元の能力がある程度以上の次元に到達する必要があるので、全ての人が使えるノウハウという訳ではない。

還すというのは、目に見えない存在達の魂が宇宙に生まれた時点で持っていた役割に戻すことを指す。

今は地球に来て、本来してはいけないことをしている存在達は、魂として宇宙に生まれて以降の輪廻転生の中で色々な目にあって、魂として宇宙に生まれた時に持っていた役割を忘れてしまい、黒くなってしまった者達である。

それらの黒くなってしまった存在達をもと居た宇宙や次元に返したとしても、宇宙にとっては、黒くなってしまった者達の総量が減る訳ではないので、根本的な解決にならない。

黒くなってしまい、地球で要らないことをしている存在達は、魂として宇宙に生まれたときには白い役割を持って生まれていたので、その者達が宇宙に生まれた時の役割に戻すのである。

ちなみに、見つけた存在一つだけを白に戻すのではなく、更に広い範囲で関係する存在達を白く戻していくのだが、この辺りは、説明を聞いても出来るものではないので、詳しくは触れない。

黒くなってしまった者達を元の白に戻してやれば、宇宙全体としてのバランスが徐々に本来の姿に近づいていくのである。

●事例：高次のエネルギーが効かなかった唯一の体験

次元の能力の開発がまだ途中段階だった時期の話だ。

ある女性が男女関係の問題で相談に来られた。相手は非常にエネルギーの強い人で、どうしても上手く別れられないという。

見てみると、相手の人に憑いている存在が女性を逃さないようにしている。

6～7次元程度の存在だったので、当時の次元のエネルギーでも十分対処できるはずなのだが、何度やっても全く効かない。

次元のエネルギーが効かないケースは初めてだったので、別の方法で対処して相手に憑いている存在を取る事は出来たのだが、非常に驚いた。

高次のエネルギーが効かなかった原因を探っていくと、実はその人も相手の人も、今は地球で人間をしているが、別の宇宙から地球に派遣されてきていた人達であったのだが、その宇宙は少し古い時代に分岐した、地球とは別の系統に属する宇宙だったゆえに、当時の私の次元の能力が、「分岐した時点」まで到達できていなかったために、別の宇宙の存在には次元が低くても効かなかったのだ。

その後、新しい出会いにより更に次元の能力を開発できた今では笑い話だが、宇宙のしくみを理解する良い機会だった。

●事例：別の宇宙から派遣されて来て、今は人間をしている人達

この人達を含めて、別の宇宙から派遣されて来て今は人間をしている人達と会う事がある。ある星で宇宙人をしていた人が地球に送り込まれて侵略の先兵を務めているケースもあるし、別の宇宙の妖怪系の存在が地球に送り込まれてきて人間をしているケースもある。色々な星や色々な宇宙から結構沢山来ている様だ。

そういう人には、同じ種類の宇宙人だったり妖怪だったりがサポートとして沢山憑いている。聞いてみると、地球に来る前からサポートしているし、地球での輪廻転生の間もずっとサポートしているという。

何のために送り込んできているのかと問うと、素直には吐かないが、地球の変化の時に介入するために送り込んできているようだ。

アセンションを邪魔するなり、アセンション前後に介入して自分達に有利な状況にするために送り込んで来ているのだろうが、本人達は普通の人間として生きていて役割など忘れてしまっているので、いざというときに本当に役に立つのかは、はなはだ疑問ではある。

目に見えない存在達が見える、話せる人の中には派遣されてきた人達が結構居て、本人も気

づかないうちに介入の手助けをしているのだろう。

◆霊の返し方

憑いている存在が霊、特に人の霊であった場合は少し手間をかけて天国・極楽へ返している。人の霊には意思があり、本来死んだら帰る場所である天国・極楽に帰るかどうかは、その霊の意志がかかわってくる。

残された家族が心配だったり色々な執着によってこの世に残っている場合は、本人が執着するのをやめて、ちゃんと天国・極楽に帰ろうと思わないと、返そうとしても、前にも触れたが、あの世の入り口辺りから脱走して戻ってきたりする事がある。

強制送還することも可能なのだが、一応人間だった存在なので、極力本人の意思を尊重してやろうと思うので、説明したり説得したり、信頼できる身内などの霊に天国・極楽から来てもらって説得してもらったりする。

本人の霊が納得して初めて天国・極楽へ返してやるのだが、ほとんどの場合もう自力では天国・極楽へ帰れないので少し力添えしてあの世に返してやることになる。

実は、死んでから一定の期間が経過すると、天国・極楽に帰ろうと思っても自力では帰れなくなる。

死んだ時点で、どうやれば天国・極楽に行けるのかを知らなくて、結果的にこの世に残ってしまうことも多いのだが、死んだら帰り方が分かるようになる訳ではない。

そのため、天国・極楽に帰ろうと思っても帰り方が分からないだけではなく、もう自分の力では帰れない霊達がほとんどなので、エネルギー的に力添えして、帰れるようにしてやる必要がある。

また、祟《たた》り系の霊であったりすると、恨みがあって祟っているので、その恨みの元になった出来事そのものを解消してやり、霊の想いや感情も解消してやって初めて祟るのをやめて天国・極楽に帰ると言い出す。

普通の霊より随分と手間がかかるのだ。

残っている霊自体が、何かにとり憑かれていることにより天国・極楽に帰れなくなっているケースも非常に多い。

この場合は、憑いている存在自体を返すなり還すなりしてから、霊を天国・極楽に返す必要がある。

◆トラウマやダメージの原因となった出来事の見つけ方（現在〜過去世）

覚えているトラウマやダメージは良いが、今回の人生で覚えていない＝潜在意識にあるトラウマやダメージと、過去世＝無意識にあるトラウマやダメージは、その人が思い出したり感じる・見えるように、エネルギーを降ろしてサポートする。

トレーニングを通じて見える・感じる力を上げて行くと、過去世も見える・感じるようになってくる。

見える・感じる力がついてきたら、悩みや問題の原因となった出来事の中で、最初の出来事を探していく。

それが過去世から繰り返してきている悩みや問題であれば、最も古い過去世の出来事を見つける必要がある。

最初の出来事を見つけることが出来たら、そこを解消していくことになる。

さらに、自分の過去世を見える・感じるようになると、他人の過去世も見える・感じることが出来るようになるので、周りの人をサポートすることもできるようになる。

◆トラウマやダメージの原因となった出来事の解消の仕方

トラウマやダメージの元となった「出来事」を探し出すことができたら、そのシーンに高次元のエネルギーを降ろすのだが、最初の頃は（２）で繋がった魂の親の力を借りて、そのエネルギーを降ろすことになる（２８７Ｐ参照）。

エネルギーを降ろすと、「出来事」が変容する。

この時に重要なのは、人間の「意思・意図」を入れない事である。

せっかく高次元のエネルギーの力を借りているのに、３次元の人間の意志や意図を入れると失敗してしまう。

サル知恵ならぬ人間知恵になってしまうのである。

「過去と他人は変えられない、未来と自分は変えられる」と言われるが、高次元のエネルギーは時空を超えることが出来るので、過去も他人も自分も未来も変えることが出来る。

正確には、変えることが出来るというより、変わってしまうというのが近い。

トラウマにエネルギーを下し干渉で消し去る

高次元のエネルギーによってトラウマなどが解消されるのは、トラウマの波にチューニング（同調）し位相を反転させることによってトラウマを消し去っている。

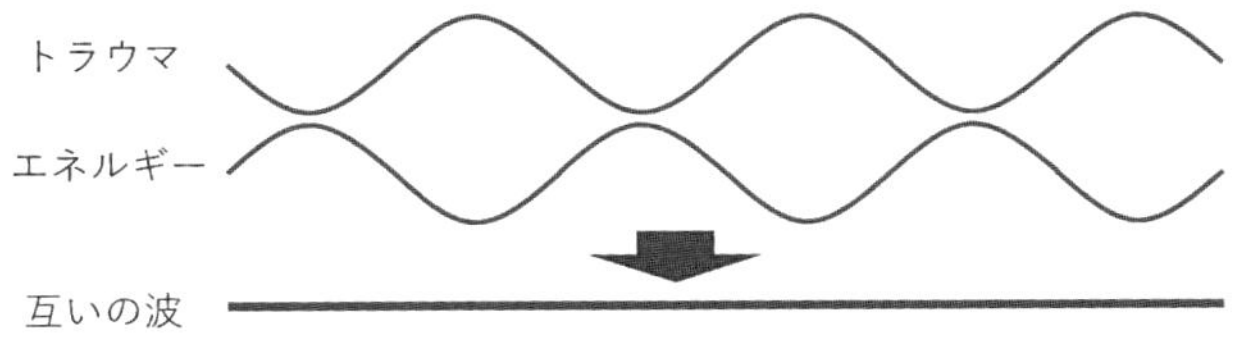

同じ周波数でも位相がずれていると強度はゼロになる。
→　過去のトラウマが消える。

◆心と頭に残っている（顕在意識、潜在意識・無意識）ダメージの見つけ方と解消の仕方

出来事を解消したら、その時にできてしまったダメージも解消しておく必要がある。

ダメージは頭に残っている「思い」と、心に残っている「想いと感情」である。

怒りや悲しみ、情けない思いや感情など、区別しにくいものも多いので、順番はどちらからでも良いが、頭にある「思い」と心にある「想いや感情」のダメージを、それぞれまとめて、エネルギーとして「色や形」でイメージしてもらう。

そして、色や形でイメージしたダメージのエネルギーに、高次元のエネルギーを降ろすこと

で、ダメージのエネルギーそのものを消すことが出来る。

◆本来繋がるべきところとの繋がりの次元を上げて行く

普通の人の次元の能力は、通常3次元の能力である。

一部の見える・話せる人達は4次元~7次元位までの能力を持つ人も居るが、使える能力は見える・話せる能力だけだったりする。

トレーニングでは最終的には魂の親まで繋がり先の次元を上げて行くことになるのだが、1桁次元の能力の人が一気に3桁次元や10桁次元まで繋がり先を上げて行く事は出来ない。

今3次元から7次元程度までの次元の能力の人は、先ず2桁次元、慣れてきたら3桁の次元という感じで、1桁ずつではないが、繋がれる次元を何段階かに分けて上げて行くことになる。

トレーニングを積んでいく段階で、そろそろ更に高い次元に上げても大丈夫だろうと感じたら、繋がり先の次元を上げて行く。

具体的には私達のエネルギーを調整しながらその人に降ろして、繋がれる次元を引き上げて行くことになる。

この際、私達は何次元まで上げようとか、これができるようにしようなどの「意図」は持たない。

その人の魂の親に任せて、今のその人に「適当な」次元まで繋がりが上がっていくことになる。

さらにトレーニングを進めて、その人の経験値や次元の能力を受け入れるレベルが上がってきたら、また次の次元まで繋がり先を上げて行くことになる。

最終的に、魂の親と繋がることが出来れば、その人自身の次元の能力も最大となる。

その人の次元の能力はトレーニングを始めたからと言って、いきなり最高次元まで到達できる訳ではない。

ここまでのプロセスで、自分や家族などの悩みや問題を扱う「経験値」「ノウハウ」を同時に身に付けてもらうのだが、両輪がそろって初めてトレーニングは終了となる。

◆トレーニングで人生が変わる

トレーニングでは、その人の悩みや問題を事例として扱うので、セッションを膨大な数受けているのと同じ効果がある。

抱えている色々な悩みや問題をひとつずつ解消していくことで、同じ問題は起こらなくなってくるので、人生が徐々に変わって来る。

トレーニングを受けることで、人生が大きく変わる人も多い。

単身赴任中の旦那との関係が良くないのだが、離婚したら食べていくのが大変だし、帰ってきたらどうしようと悩んでいる人がトレーニングを受けたことがある。

トレーニングでその人自身や先祖の問題まで沢山扱っていたので、単身赴任が終わった時には、夫婦仲が激変していた。

二人で食事や旅行に行ったり、新婚時代の様にラブラブに変わっていたのだった。

◆次元の能力を開発すれば家族や周りの人をサポートできる

トレーニングを受けて、次元の能力を開発できた人は、自分自身だけでなく、家族や周りの人の悩みや問題に対応することが出来るようになる。

トレーニングの一つの到達の形は、過去世を含めた出来事そのものを解消できる、トラウマやダメージを解消できる、憑いている物に対処できるようになることだ。

ここまで出来るようになれば、家族や周りの人をサポートしていける。

体の不調でも、何か憑いている存在が影響していたら取ることで良くなることもあるし、学校や職場などの人間関係の問題も解消できる。

今まで何らかのセラピーやヒーリングを行ってきた人であれば、進め方は同じでも、使うエネルギーが変わっているので、内容やレベルが変わるとともに、本当の意味で相手に良い事が出来るようになる。

トレーニングを受けた整体師の人は、特に腰痛の半分近くは憑いているものが影響しているので、それを取ると早く良くなると言っていた。

次元の能力を開発することで出来るようになる事について簡単に触れているが、ある程度以上の次元の能力を開発できれば、今までのあらゆる文明で誰も成し得なかったことが出来るようになる。

◆企業とセッション＆コンサルティング

本文中ではセッションでの事例として個人の例を中心に書いてきたが、個人であっても、仕事や職場関係の内容で来られる方も多い。その場合、結果的に会社に関する課題を解決することになるケースも多い。

また、法人のエグゼクティブコンサルティングとして会社の課題や幹部の方の課題の解消などを含めた継続的なサポートをすることもある。

ここでは、少しだけ企業関係の事例を載せておく。

著名な企業で新規事業を担当されている幹部の方がよく来られる。

その方自身は、試験データが良くならなかったり、組織運営の問題が出てきたりなど、色々な行き詰まりを感じられた時にセッションを受けに来られる。

新規事業なので研究段階を含めて事業化へのハードルがいくつもあるのは当たり前なのだが、上手く行かない原因を見てみると、目に見えない存在達が介入していることが多い。

多くの人の命を救う新しい技術に関わる事業であるがゆえに、目に見えない存在達が邪魔をしているのだ。

通常だとその新規事業は上手く進まず、失敗することになっていたのだろうが、人類の未来にとって必要な人・必要な内容の場合には、私達に繋がることがあるのかもしれない。

企業関連のセッションやコンサルティングでは、間接的に企業の将来を大きく変えることになったケースがいくつかある。

総合電機メーカーのパワハラの案件を見ていく中で、会社の土地が古い時代の刑場であったことが原因の一つであることが分かり、それを解消してパワハラ自体は非常に面白い形で解消したのだが、1週間も経たない内に膠着していた企業の存亡にかかわる買収が決定したことがある。

また、自動車メーカーの社長選任に間接的に関わったこともある。何度か本社エリアを訪ねることで結果的にエネルギーを調整したようだ。少し後に分かるのだが、そのままではグループ企業が分裂して日本経済に大きなダメージが出てしまうところだったようだ。

個人も企業も同じで、活動している中で想像しているよりはるかに大きく目に見えない存在達や場のエネルギーの影響を受けている。

上手く行かない事には原因があり、それを解消すると上手く行くのだが、問題に対する直接的な効果以外の変化が起こることがあるのが面白いところだ。

◆能力を維持していくには

次元の能力の開発は、スポーツのトレーニングと似ている。

コーチやトレーナーにサポートしてもらってトレーニングしてゆけば運動能力は開発されていく。

だが、その人の持っている能力以上のものは開発できない。

次元の能力もその人の魂が生まれた次元までがＭＡＸであり、それは人によって違っている。

トレーニングをすれば全ての人がプロの選手になれる訳ではないのと同じである。

また、トレーニングをやめれば、能力は徐々に下がっていく。

そして、魂の次元まで能力が開発できたとしても、その能力を維持するには、継続的に能力を使ったり、サポートを受けてメンテナンスを行うことが必要である。

メンテナンスでは繋がり先の確認だったり、まだ対処できない次元の存在に憑かれていないか、レベルが下がっていないかなどの確認も行う。

トレーニングを受けた人は次元の能力を開発して使う事は出来るようになるのだが、その力を維持し、正しく使い続けるのはそんなに簡単な事ではない。

周りに同じような力を持った人や先輩がいる訳ではないし、例えば、目に見えない存在達は非常に巧妙に寄って来るので、気づくことも難しかったりするのだ。

目に見えない存在達にとっては、それこそが付け入る隙なのである。

どうしても経験が少ないので、危うい目に逢いやすくなる。

●事例：ミイラ取りがミイラになってしまう

私達がトレーニングを始めたばかりの頃、能力開発中心の短期コースを設けていたのだが、見える力とある程度の存在を扱う力を開発できた受講者の話である。

事務所に遊びに来た時に、数日前に会ったある団体に所属している人から何かが来ている気がするというので、自分で見れるでしょうと、少し力を貸して見てもらうと、悪魔が憑いている。

普通の悪魔より大物感があるので、名前を確認するとルシファーだという。

ルシファー程度ならその人自身で取ることが出来るので、練習がてら自分で取るように言うと、今度また関係者の人と会うことがあるので、その時にまた取らなければならないのも面倒だし、ルシファーが居れば普通の悪魔は寄ってこないと思うので、面倒が少ないからと、当面ルシファーを置いておいて、あとで取りますという。

危なっかしいなと思いながらも、本人が望むので、あとでちゃんと取っておくようにと伝えておいた。

その後、その人は事務所に出入りしなくなってしまうのだが、払わずに消えることになる。

ルシファーを飼いならして利用しようとしたのだが、ルシファーに取り込まれてしまった訳だ。

目に見えない存在達は長くて１００年の人間の寿命に比べるととてつもなく長期間存在している。

そして目に見えない存在達は人間をだまして取り込むプロフェッショナルである。

いくら次元の能力で彼らを凌駕していたとしても、顕在意識の部分で取り込まれるリスクは非常に高い。

ミイラ取りがミイラになるケースだけでなく、今まで関わって来たスピリチュアル業界やヒーリングやセラピーなどの先生や仲間との人間関係が無くなるのが辛くて、結果的に元の世界へ戻る人もいる。

また、元居た業界ではある程度の地位を占めていた人の中には、その地位での経験が忘れられずに戻っていく人も居る。

これらは、せっかく繋がった魂の親との繋がりを細くしてしまい、以前繋がっていた目に見えない存在達との繋がりに戻ってしまうことになる。

過去のあらゆる文明で到達し得なかった能力を身に付けるということは、想像しているより大きな変化を受け入れる覚悟が必要になる。

トレーニングを受けて次元の能力を開発できたとしても、その後でも難しいのは、目に見えない存在達が白い存在なのか黒い存在なのかを見極めることである。

何らかの存在があなたに寄ってきたとしたら、それがあなたをサポートしますとか、何かを伝えたいとか言っていたとしても、その存在は十中八九、黒い存在である。

３次元に介入してはいけないという宇宙のルールを破っている時点でジャッジが出来るのだが、人は弱いもので、良いことを言われるとつい信じてしまいたくなる。

３桁以上の次元の存在でも、白い存在と黒い存在の比率は黒の方が優勢である。

次元が高いからといって白い存在とは限らない。

ここで言う白い存在と黒い存在とは、その存在が宇宙に生まれた時の目的を維持できている存在が白い存在で、輪廻転生を繰り返す中で、宇宙に生まれた目的を忘れてダークになってしまったものを黒い存在と呼んでいる。

とてつもなく長い宇宙の歴史において、それぞれの存在が輪廻転生を含めた膨大な経験をしていく中で、魂として宇宙に生まれた時の目的を生き続けるのは非常に大変なことだ。

同じように、トレーニングを受けても、初心を保つこと、次元の能力を維持し続けること、学び続けること、実践し続けるためには、継続的な努力とサポートが必要になるのである。

おわりに　最古の魂が数多集う日本人へ
真実への目覚めと行動のときは今

この本は、新しい文明への移行・アセンションを迎えるにあたって、その役割を果たす人々のために書かれた部分もある。

新しい文明への移行・アセンションのためには、価値観を根底から変革し、自身の次元の能力を開発していく必要があるのだが、新しい価値観も、次元の能力の開発のノウハウも世界のどこにも存在していない。

新しい価値観と次元の能力については、ページ数の制約もあり、本書では基本的な内容や項目は押さえてはあるが、それぞれの内容や事例・解説などはごく一部しか触れることが出来ていないものも多い。

だが、必要な内容や項目はたとえ短文であっても載せてあるので、新しい文明への移行・アセンションを真剣に望む方は、何度か読み返すことで、新しい発見が沢山あるだろう。

私達もさらに詳細な内容や事例・解説をお伝えしたいと思うし、それを望まれる方もいると思うのだが、その機会は次の書籍になるのか、直接お伝えする何らかの場があるのかは分からない。だが必要であればその機会が設けられるであろう。

また、これから生まれてくる、新しい文明への移行・アセンションへの役割がある人であれば、本書を読むことで、変えるべき価値観に気づき、自身の次元の能力を開発することが出来るよう、未来の人達のために書いておいた部分も多い。

次元の能力を開発できれば、本書を参考に、目に見えない存在達を扱うことも出来るようになるであろう。

ある時、すずめの戸締まりという映画で、主人公達がやっている戸締まりを実際には私達がやっているのではないかと言われたことがある。

その時は、地震を起こすのは、人々の思いや念だけではなく、多くの要因が関わっている。また、地震は予知できないので防ぐのは難しいというような話をしたのだが、後で考えていて、映画では人々の思いや念がミミズとなって地震を起こすという設定であったようだが、実際には残った人々の霊（幽霊）そのものを主として、亡くなった人達と生き残った人達の執着や悲しみなどの念が災害の原因になっていることもあるのだろう。

死んだ後、天国・極楽に行けずにこの世に残って幽霊になっている人はとてつもなく多い。

死んだ人の半分以上が残っているような感じなのだが、数千年という歴史を考えると、とんでもない数の霊が残ってしまっていることになる。

新しい文明・アセンションを迎えるにあたって、残っている膨大な霊や人々のネガティブな念が低い周波数ゆえに邪魔になってしまうのではないかと感じている。

いつかまとめてそれらの霊を上げたり念を解消しなければいけない時が来るのかもしれない。

◆日本人が大きな役割を果たす

私達が色々な経験をしてきた中で、新しい文明への移行・アセンションにおいて、日本及び日本人が大きな役割を果たすことになるのではないかと感じている。

今まで関わった人達の魂が生まれた宇宙の時点・次元を見ていく中で、根源のONEに近い魂を持っている人達とある程度の人数出会って来た。

80億人の人類の中で、日本にこれだけ最も古い時代の魂を持った人が集中しているという事は、新しい文明への移行・アセンションにおいて、日本及び日本人が大きな役割を果たすことになると考えざるを得ないのだ。

それらの人の中には、本当に細い繋がりや、奇跡と呼べるような偶然の重なりで出会うことになった人も多い。

そいういう観点では、日本人以外の人が私達のところにたどり着いても不思議ではないのだが、今のところ日本人及び日本に住んでいる人しか出会っていない。

今後、更に日本で役割のある人達に出会うことになるのか、世界に居るであろう役割のある人達と出会うことになるのかは分からないが。

本書が大きな宇宙の流れの一環として出版されるのであれば、出版を契機に何らかの変化が起こり、新しい文明への移行・アセンションへの流れが加速していくことになるのではないかと感じている。

重要な出会いは、それぞれの人の魂の親のサポートによって、偶然という必然でセッティングされるのだが、彼らがセッティングしてくれるのは、出会える機会までであって、そこで何を選ぶかはその人次第である。出会ってから先、どんな関わりを持つかも、一人一人が選択してゆかなければならない。

これは本書を手に取った人も同じである。この本から何を受け取り、この先何を選ぶのかはその人自身で決めなければならない。

宇宙の時間軸では誤差の範囲らしいが、地球時間ではものすごく遅れてしまっている、新しい文明への移行・アセンションが、少しでも本来の予定に近づいていくと良いのだが。

また、将来、新しい文明への移行・アセンションが実現し、地球・人類が新しいステージに進むことが出来れば、それは、地球に限らず宇宙全体が新しいステージに進むことに繋がる。

それは、地球に来ている宇宙人や妖怪、魔物などの母星や、それぞれが所属している宇宙の状態が良くなり、本来の姿を取り戻していくことに繋がる。

新しい文明への移行・アセンションは、地球や人類だけに必要な出来事ではなく、宇宙全体にとって重要な出来事であり、出来るだけ速やかに実現していく必要があるのだ。


本書を手に取る機会を得た人が、それぞれの魂が決めた今回の人生の役割を生きることと同時に、本書では触れていないがその人の魂が宇宙に生まれて来た時に決めた、魂そのものの役割を果たされることを祈っておわりにしたい。

プロジェクト・ユニバース　Project Universe

プロフィールは、18ｐ～22ｐをご参照。

精神世界の大罪と真実

危ういアセンション 危ないスピリチュアル

《魂主体従》超変革への遺言

第一刷 2024年9月30日

著者 プロジェクト・ユニバース

発行人 石井健資

発行所 株式会社ヒカルランド

〒162-0821 東京都新宿区津久戸町3-11 TH1ビル6F

電話 03-6265-0852 ファックス 03-6265-0853

http://www.hikaruland.co.jp info@hikaruland.co.jp

振替 00180-8-496587

本文・カバー・製本 中央精版印刷株式会社

DTP 株式会社キャップス

編集担当 RyuHiCO

ISBN978-4-86742-417-9

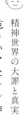

ヒカルランド　好評既刊！

地上の星☆ヒカルランド　銀河より届く愛と叡智の宅配便

ハート知性　Heart Intelligence
著者：ドック・チルドリー／ハワード・マーティン／デボラ・ロズマン博士／ロリン・マクラティ博士
訳者：森田 玄、きくちゆみ
四六ソフト　本体 2,500円+税

《渦巻く水》の超科学
著者：オロフ・アレクサンダーソン
訳者：遠藤昭則
四六ソフト　本体 2,000円+税

磁場がまるごと解決してくれる
著者：竹田明弘
四六ソフト　本体 1,800円+税

タイムウェーバー
著者：寺岡里紗
四六ソフト　本体 2,000円+税